KB136424

존재 [나]에 대하여 논고판

실존을 넘어서

I

김주호 지음

자유정신사

존재 [나]에 대하여 논고판

통합사유철학 첫 번째 축, 삶 속 '존재'에 관한 구체적 고찰

태양이 떠오르면
밤사이 생각한 것만큼 그렇게
감출 수 있는 것이 많지 않다.

실존을 넘어서 I

김 주 호

자유정신사

통합사유철학 첫 번째 축, 삶 속 '존재'에 관한 구체적 고찰

- 실존을 넘어서 Ⅰ -

실존을 넘어서 I

존재는 숨어 있으면서, 우리를 화나게 하고 슬프게 하고 즐겁게 하며 때로는 실망시키고 또 만족하게 한다. 그는 우리 모습들을 합쳐놓은 엄청난 몸집의 괴물이다. 시간이 지날수록 더욱 몸집은 커지고 추해질 수 있다. 이 책은 이 엄청난 괴물과 싸워 그를 부수고, 그 속에 숨겨진 실존, 그 [무엇]을 회복하려는 시도이다.

[연극을 떠나다]
[사람을 목적하다]
[존재를 보다]
[나를 가라앉히다]

실존을 넘어 드디어 [나]에게로 도달하려는 이 시도가 다중 연극에 열중했던 추한 다면(多面)의 얼굴을 하나씩 잘라내어 조금은 우리를 가볍고 자유롭게 해주기를 기대한다.

별을 쳐다보는 아름다운 자의 맑은 눈동자가 그립다.

Ⅰ장. 연극을 떠나다

Ⅱ장. 사람을 목적하다

Ⅲ장. 존재를 보다

Ⅳ장. 나를 가라앉히다

Ⅰ장. 질서를 무너뜨리다

Ⅱ장. 존재를 형상화하다

Ⅲ장. 모방을 벗다

Ⅳ장. 생각을 멈추다 (1)

Ⅳ장. 생각을 멈추다 (2)

이 책은 실존의 경계를 넘어 [나]에 도달하는 이야기이다.

산에 오르기 위해 왔다. 사실, 내가 무엇하러 왔는지 모른다. 분명 산에 오르기 위해 온 것만은 아니다. 자유의 바람을 찾아 머무름의 냄새를 없애기 위해 왔다.

우리는 지난 하루, [나]를 얼마나 변화시켰는가. 나는 존재 [나]를 발견할 수 있도록 이끌 수 있을 것인가. 곧 아침이다.

우리는 [나]를 찾으려는 생각으로 오랫동안 잠을 이루지 못했다. 철학 초보자에게 나타나는 인식의 급격한 증대로 만족할 것인가. 우리는 밤사이 산책에서도 빈손으로 돌아왔다.

각자 작은 공간에서 잠을 자고 있는 우리는 누구인가. 우리는 왜 서로 함께하고 있는가. 우리는 과연 [나]를 발견할 수 있다고 생각하고 있는가. 아니, [나]라는 것이 무엇인지 알고 싶기는 한 것인가. [나]를 발견하면 굉장한 일이 일어날 것을 기대하고 있는 것은 아닌가.

아직 어두운 산장 밖으로 나와, 차갑지만 어둠의 향기가 남아있는 주변 길을 걷기 시작했다. 작은 풀들이 발에 밟힌다. 우리는 이 작은 풀들과 무엇이 다르고, 무엇이 같은가. 생각하는가. 미래를 걱정하는가. 조금 더 오래 사는가. 움직일 수 있는가. 배가 고픈가. 욕망이 있는가. 공기를 호흡하고 있는가. 물을 먹고 사는가. 태양이 생명의 근원인가. 번식하는가. 밤에는 쉬는가. 성장하는가. 우리 대지(大地)에 같이 서 있는가. 우리는 존재한다.

이제, 우리는 존재 [나]를 실존화하기 위한 생각을 시작한다. 표면적 [나]를 지나, 실제 존재하는 실존을 넘어, 찾을 수 없었던 [나]에 다다르고자 한다.

Ⅰ장. 연극을 떠나다

하늘의 달을 본 자는

물속에 달이 있다 없다 말하지 않는다.

자유 정신을 위하여

어둠을 피하는 방법 중에서 태양을 쫓아가는 것이 가장 어려운 방법이다.

그런데 대부분 그 방법을 택한다.

1. 비극적 확신

따뜻한 화로 속, 나무가 타올라 소리를 크게 내고 있다.

우리, 인간적인 사유 본질은 희극이나 비극적인 것과는 관계 없음에도 불구하고, 모든 것이 극화되어 버렸다. 마치 연극을 보는 것과도 같이 우리 삶을 먼 시점에서 한번 보자. 우리 삶이 점점 악화되고 있지는 않은가. 우리는 자신 본래 모습과는 다른, 무언가 꾸며지고 불편한 모습으로 하루하루를 지내고 있지는 않은가.

[우리 삶의 극화(劇化), 무엇이 문제인가. 우리 유한한 삶 속에서, 자신을 주인공 삼아 세상을 살다 가는 것. 무엇이 문제인가.]

- 극화(劇化)되기에는 삶은 너무나 창조적이다. 삶이 극화되면 우리 인간 삶은 너무 많은 것을 필요로 한다.

자신 삶을 구성해갈 잘 써진 대본이 필요하고, 그 삶을 꾸려나갈 그럴듯한 무대가 필요하다. 그리고 더욱 어려운 것은 자신의 극을 보아줄 관객에 대한 관심으로, 자신 대부분 삶이 어지럽게 되어 버린다는 것이다. 이제, 어느 하나라도 갖추어지지 않으면 자신의 삶은 파괴되는 듯 느껴지고, 그 극을 유지하기 위해, 자신의 모든 것을 희생하는 데 주저하지 않는다. 자기 삶의 평가자는 관객이며 자기 의지적 삶은 관객으로부터 단호히 거절된다.

삶이 극화되면, 자신을 적절하게 치장하는 일이 자신을 위해 스스로 할 수 있는 최선 그리고 유일한 일이 될 것이다. 그래도 그에게 위안이 되는 것은 대부분 사람이 자신의 삶을 칭찬하고 뒤따를 것이라는 [비극적 확신]이다. 극장 속 관중에 둘러싸인 연극 속에 자신을 가두지 말기를.

[만일 삶이 극(劇)과는 거리가 멀다면, 희극도 비극도 아닌, 그럼 무엇인가.]

우리 인간은 삶을 살아가는 모든 순간 비극을 느껴야 한다. 우리는 계속 욕구하고 욕망하면서 의지(意志)해야 하기 때문이다. 그래서 비극은 자기 의지에 대한 대가로 탄생하며, 인간이 의지를 피할 수 없는 까닭에, 이에서 벗어날 수는 없을 것이다. 이를 우리는 [의지에 의한 비극의 탄생]으로 정의한다.

오두막 산장에서

그런데 역설적으로 사람들은 끊임없는 욕구와 욕망에 의한 이 비극적 상황을 즐거움으로 희화시켜 삶의 의미를 전도시킨다. 이는 아마도 근면함을 필요로 하는 어리석은 권력자들에 의해 교육되었을 것이다. 우리는 비극적 삶을 극복할 수 있도록 하는 [특별한 다른 의지]를 가져야 할 것이다. 그런데 우리는 변화된 삶에 두려움을 느끼며, 의도적으로 [의지의 비극]으로부터 벗어나려 하지 않고 노예적 구함을 의미 있는 목표로 삼아, 삶을 희극화 시킨다.

- 의지가 존재하는 한 인간의 삶은 희극과는 거리가 멀다. 그러나 [또 다른 의지]가 존재하는 한 삶은 항상 비극적이지도 않다. 삶은 희극도 비극도 아니다.

우리는 가끔 [자기 삶이 누군가에 의해 쓰인 각본에 맞추기 위해 살아오지 않았는가]라는 질문에, 회의감이 몰려든다. [의지]에 의해 삶은 비극화되고, 그런데 이 비극으로부터의 출구가 [또 다른 의지]임을 사유한다. 극(劇)이라 함은 인위적이고 정해진 틀 속에서 이루어지는 활동이라고 할 때, 우리 의도는 관객 · 무대 · 대본 · 감독에 의존하는 극(劇)적인 요소를 삶에서 밀어내는 것이다.

오두막 산장에서

삶의 또 다른 의지, 그것은 우리 정해진 무대를 벗어나, 무질서의 세계로 나가는 자유정신에의 의지이다.

연극을 떠나다

2. 삶의 혼동과 무질서

[지금 우리는 어떤 존재, 어떤 모습으로 삶을 살아가고 있는가. 그리고 실존 [나]는 그 삶 속 어디에 있는가.]

인간이 자신의 삶을 극적으로 인식하는 것은 운명적이다. 우리는 모두, 자신에 대한 명예에 굶주려 있다. 자신을 다른 사람으로부터 인정받도록 하는데, 목숨까지 버릴 준비가 되어 있다. 비극적 확신을 위해. 타인의 환호를 얻으려는 극적인 태도를 자기 삶에 적용하여, 자기 삶을 극화하려는 의지가 우리 마음속에 가득하다.

산장 앞에 있는 바람에 흔들리는 나무 속에는 태양이 노을과 함께 붉게 빛나고 있다.

우리는 비극을 극복하려는 나름대로의 노력으로, 자신의 삶을 구분하기 시작했다. 비극적 요소는 묻어 두고. 사람들이 희극이라고 만들어준 대본대로 살아가면서, 비극적 요소를 제외하는 극단적인 희극화를 시도했다. 그러나 이것은 실제 우리 삶 속에서 불가능한 일이다. 삶의 극단적 희극화는 삶이 실제 비극화 되었을 때, 그

속 비참함으로 삶이 황폐화되어, 사유의 혼돈과 파괴를 야기한다.

우리는 지금 자신도 모르게 무대 위에 올라가 있는데, 이를 알지 못하고 있다. 우리는 삶이 희극, 비극으로 나뉘어, 극단적 희극화 또는 극단적 비극화 되어가고 있는데, 이를 잘 알지 못하고 있다. 이로부터 내려와야 한다. 그러기 위해서는 존재 [나]를 찾아야 한다. 내가 [나]를 마음대로 할 수 없다면, 모든 것을 안다 해도 마치 꿈속에서 우리 몸을 마음대로 움직일 수 없듯이, 그로부터 벗어날 수 없을 것이다.

- 내가 [나]를 마음대로 할 수 있도록 실존적 존재 [나]를 찾는 것, 그것이 무대를 내려오게 하는 힘이다. 그리고 그 실존 [나]는 바로 우리 눈(目) 속에 있다.

내 눈 속에 내가 있다. 내가 보는 것은 내 눈동자 속에 맺힐 것이고, 그렇다면 나는 없고 대상만 비칠 것 아닌가. 그럼, [나]는 모든 대상 속에 있다는 것을 암시하는 것인가. 분명 그럴 가능성도 있다. 하지만 실존 [나] 또한 존재할 것이고 그렇다면 내 눈 속에도 내가 비추어진다는 것인가. 만일, 거울 없는 작은 방 속에서라면, 나는 혼자서 어떻게 [내 눈으로 나를] 볼 것인가.

오두막 산장에서

3. 예정된 삶의 위험성

우리는 바깥 가로등에 비추는 바람 소리를 듣고 있다. 반대편 벽에 짧은 시가 있다.

해 넘어가기 전 한참은
하염없기도 그지없다.
연주홍물 엎지른 하늘 위에
바람의 흰 비둘기 나돌으며 나뭇가지는 운다.
- 김소월 -

[삶에서 정해진 대본을 버린다면, 그 대안은 무엇인가.] 우리는 정해진 대본의 허구(虛構)를 사유한다.

시적 감성은 삶을 아름답게 장식한다. 우리에게 휴식을 주고 삶을 돌아보게 한다. 그러나 그것이 적절히 관조되지 않으면, 오히려 삶을 어지럽힌다. 정해진 대본, 운명을 믿도록 마취시키고, 삶의 의미조차 무기력화한다. 이는 철학적 사유와 험난한 모험에의 시도를 내부로부터 어지럽힌다. 아름다움은 우리 삶을 장식하지만, 아름다움만을 삶의 목적으로 하기에는 [삶은 너무도 역동적]이다. 삶을 감상적 연약함으로 변질시켜서는 안 된다. 삶은 선한 자와 악한 자의 투쟁이기 때문이다.

연극을 떠나다

오두막 산장에서

우리는 아이들의 단순함과 즐거움을 잊지 말아야 할 것이다. 그들이 보여 주듯이, 우리는 인식의 탄생을 경험하는 순간부터 삶은 극적인 것과는 거리가 먼 인식 · 의지 · 존재의 지속과 단절이 경험될 뿐이다.

- 삶은 희극도 비극도 아닌 끊임없는 자기화 과정이며, 이의 단절은 절망을 의미한다.

사람들에게 무엇을 가르쳐야 하는가 묻는가. 지금까지 무엇을 가르쳐 본 적이 있는가. 지식 전달자가 아니었는가. 미적분을 가르치고, 방정식의 해를 구하는 방법을 전달하고, 공자의 이야기를 전달하지 않았는가. 이는 누구나 마찬가지이다. 무언가 이야기하고 있지만, 아무것도 가르치는 것이 아니다. 이미 존재하는 진리를 아직 파악하지 못하는 타인에게 전할 뿐이다.

- 진리를 가르치는 것, 그것은 인간의 일이 아니다.

우리는 잠시 혼란에 빠진다. 우리 목표는 무엇인가.

연극을 떠나다

오두막 산장에서

[삶의 자기화]란 인간으로서 이미 가지고 있는 자신의 의미를 발견하고 성취해 나가는 과정이다. 이는 성취 그리고 그에 반하는 좌절의 반복적 상황을 포함한다. 하지만 그뿐이다. 극적인 것과는 거리가 멀다. 자신의 삶을 극적으로 인지하는 또 다른 폐단은 쓸모없는 욕구로, 자기 삶을 고뇌 속으로 빠뜨리는 것이다. 우리는 삶을 자신 생각대로의 극 속에 맞추어, 자신을 극 속의 예정된 극본 대로 이끌어가는데 자신을 허비한다.

예정된 극본은 보통 엉터리이고, 삼류 작가가 써 놓은 대본이 대부분이다.

하지만, **[삼류 작가의 대본이 오히려 우리 삶과 가까운 것 아닌가. 고귀한 작가의 대본이 오히려 우리 삶과 거리가 있는 것 아닌가.]**

삼류의 글이란 불가능한 것을 마치 가능한 것처럼 대본을 쓰거나, 누구나 알고 있고 당연히 그렇게 될 수밖에 없는 일을 이야기로 만드는 것이다. 고귀한 작가의 대본은 사람들이 생각하는 것과는 반대이다. 그는 우리 삶에서 실제로 일어나고 그것을 겪어 가는 과정을 그려낸다. 가장 인간적인 것, 그리고 우리 실제적 삶이 가장 고귀한 삶이다. 고귀한 작가의 대본은 우리 삶과 떨어져 있지 않다.

연극을 떠나다

우리는 [고귀한 삶]에 대해 생각한다. 명예를 중시하는 듯해 보이지만, 실제로 아류(亞流)적 삶을 살고 있지는 않은지 불안감이 밀려든다. 어느 아류 작가가 써 놓은 [명예로운 삶은 사람들로부터의 존경에서 시작한다.]는 대본을 순진하게 믿고, 그 존경을 위하여 우리 생(生)을 보내고 있는 것은 아닌가.

삶은 자신이 상상하는 예정된 극에 따라 항상 움직여주지는 않는다. 결국, 자신의 극을 수정하여 위안으로 삼을 수밖에 없다. 가끔 극 속의 예정에 따라 자기 삶이 움직여 나가고 있다고 생각될 때 이때는 보통, 많은 사람이 인정하는 성공적인 삶을 성취해 나갈 때일 것이다. 그러나 이때 우리는 관객과의 대화에 시간을 너무 많이 빼앗겨, 과연 예정된 극의 성공이 자신에게 어떤 것을 주었으며, 어떤 의미가 있는지에 대하여 회의를 떨쳐 버릴 수 없다. 일반적으로 극이 성공하기 위해서는 자기 자신의 기준이 아니라, 타인이 원하는 대로의 기준에 따라 살아야 하는 경우가 대부분이기 때문이다.

배우는 감독과 관객이 원하는 대로 하지 않을 수 없다.

오두막 산장에서

[성공한 사람이나 그 삶은 어떻게 평가해야 하는가.]

사람들이 생각하는 성공한 삶은 대부분 부도덕하고 어리석은 경우가 많다. 그렇지 않으면 보통, 성공했다고 이야기하지 않기 때문이다. 사람들이, 좀 더 구체적으로 이야기하면, 아류 작가들이 말하는 대로 성공하려면, 부도덕이 통용될 정도로 권력과 재력을 갖추어야 하고, 자기 자신을 잘 볼 수 없을 정도로 바빠야 한다. 그러므로 성공한 삶에 대한 새로운 해석이 적용되지 않는다면, 그 긍정성을 동의받기는 어렵다.

우리는 자신의 삶이 예정대로 마치 시간이 그대로 흘러가는 듯이 흘러간다고 느껴진다면, 자신이 현재 매우 위험한 상태에 있다는 것을 인지해야 한다. 이는 타인이 만들어 놓은 삶의 기준에 자신이 맞추어져 있다는 증거이므로, 자신을 찾기 위한 새로운 전환을 모색하는 것이 좋다. 자유정신은 한 번 크게 상처 입으면 회복하기 어렵다.

타자(他者)가 만들어 놓은 삶의 기준은 그만을 위한 것이다. 빌려 입을 수는 있겠지만, 옷 크기와 색이 맞지 않아 어색한 모습을 보일 것이다.

연극을 떠나다

우리 삶은 예정대로 흘러가는가. 지난 교육 과정, 성공을 위한 노력, 우리는 너무 예정대로 이지는 않는가. 이 예정 속에, 그리고 다음번 예정 속에, 우리는 속박되어 있지 않은가. 죽음도 아마도 우리 예정 속에 있을 것이다. 삶이 너무 예정대로 흘러가면, 우리는 그 예정의 흐름 속에서 벗어나기 어렵다.

4. 우아함의 소유

[우아하고 편안한 삶은 가능한가.]

우리, 우아할 수 있겠는가. 인류 역사상 자신의 정신을 깨끗하게 유지한 자만이 지도자 역할을 다할 수 있었다. 이는 정신적 우아함이 인간을 지탱해주는 뿌리이기 때문이다. 그렇지 않으면, 우리가 무엇으로 인간 특권을 유지 하겠는가. 그런데 우리 시대 지도자가 자신의 특권을 먼저 포기했다. 이제는 우아함이 지도자의 권한도 아니다. 우아함과 청렴함이 특권으로 인식되는 시대는 저물고 있다.

우리 주변 우아한 자를 떠올려 본다. 그들은 누구인가. 정치가인가. 재력가인가. 아닌 것 같다. 예술가인가. 음악가인가. 잘 모르는 부분도 있겠지만, 그렇게 마음에 다가오지는 않는다. 우리 주변, 교육자인가. 누구도 잘 떠오르지 않는다. 소박한 농부인가. 종교를 가지고 봉사하고 수행하는 수도자인가. 긍정하기 어렵다.

이제, 우아한 정신적 행로를 가는 사람들을 어디서도 찾기 어렵다. 이는 정신적 혼돈과 어지러움으로, 지도자마저 정신적 청결함을 잃어버렸기 때문이다.

- 우리는 슬프게도, 우아하게 되는 것보다는 우아한 것을 소유하는 데, 정신을 빼앗겨 버렸다.

우리는 그것을 알지만 행하지 않으며, 또 행하지도 못한다. [아는 바대로 행해야 진리이다.] 오래된 철학이다. 우리는 안다고 생각하지만, 사실 아무것도 모른다. 우리 시대에는 자신의 정신을 깨끗하게 하기 위해 시간을 많이 허비해야 할 것 같다.

- 그럴듯한 우아함으로 치장하려 너무 힘들이지 않는 것이 좋다. 왜냐하면, 사람들은 우아한 자와 우아함으로 치장한 자를 쉽게 구별할 수 있기 때문이다. 우아한 연극 배우를 우아하다고 생각하지는 않는다.

차가운 바람이 산으로부터 불어오고, 이는 화롯가의 따뜻함을 더욱 느끼게 해준다.

오두막 산장에서

5. 우아한 자들의 악취

빨간 단풍잎이 흔들리는 듯 떨어지고 있다.

[우아함으로 치장하는 것이 아니라, 진정으로 우아한 자가 되기 위한 방법은 무엇인가. 우아함으로 치장하다 보면, 그가 바로 우아한 자가 될 수도 있지 않은가.]

[정신적 우아함]의 표출은 [삶의 목표 숭고함]으로부터 출발한다. 그렇지 못하면 결국은 우아함으로 치장하는 것이다. 그것은 인간 일반, 그들 삶의 목표를 확실히 인식하고, 그들 모두에게 원하는 바를 제공해 주겠다는 커다란 목표가 필요하다. 이와 같은 목표를 가진 자가, 사람들에게 자기 인식을 표출하는 과정이 우아함이다. 이 과정에서 자신의 행동과 말에는 확신이 있으며, 인간이 가져야 하는 최고 목표에 정진하고 있다는 자부심이 나타난다.

[자신과 가족의 생존적 삶을 위해 살아야 하는 다수 사람은 우아함과 거리가 먼 것은 아닌가.]

연극을 떠나다

숭고한 우아함을 고집할 필요는 없다. 그리고 우리가 모두 우아할 필요도 없다. 우아함은 사람들이 만들어낸 덕목 중 하나일 뿐이다. 우아함이 모든 사람이 반드시 가져야 할 덕목도 아니다. 우아함은 숭고한 자들에게 맡기고, 그럴 수 없는 자들은 아름다움, 명랑함, 사랑스러움, 평온함, 자유스러움을 가지면 된다. 사실, 숭고한 우아함은 소수 귀족적 특권이며, 우리가 모두 귀족이 될 필요는 없다. 그것을 유지하기 위해서는 우리 덕목 중 많은 것을 포기해야 하기 때문이다.

우리는 사람들 모습에서 우아함을 찾아보려 노력하지만, 인간적 우아함의 모습은 잘 발견되지 않는다. 어떤 자는 우아하지 않다. 하지만 매력적이다. 사람을 끄는 무엇인가가 있다. 우리는 어떤 덕목의 소유자인가. 쉽게 떠오르지 않는다. 우리가 가지고 있다고 떠오르는 덕목은 모두 완전하지 않고 부분적이기 때문이다.

우리는 보통 외면적 우아함의 소유자를 좋아한다. 이때 정신적 우아함이 외면적으로 현시되는 것에 당황하여, 사람들은 부지런히 우아함으로 자신을 치장하기 시작한다. 그들은 열심히 자신의 지식을 축적하여, 지식이 가져다주는 포만감을 느끼고, 통합이 부재된 사유 결과를 여러 사람에게 과시하려 노력하며, 정신적 우아함과 예술적 우아함을 혼동, 열심히 예술을 독파한다. 그는 문명에 익숙하지 않고서는 우아할 수 없을 것으로 판단하여 문명에 익숙해지려고 많은 시간을 허비한다. 그리고 그 문명 속에 자신이 조화롭게 어울릴 수 있는 것에 매우 만족해한다.

실제적 정신적 우아함의 소유자들이 사람들의 정신적 황폐를 수정하고 그들을 인도하는데, 그 사명을 게을리하지 않는 것과 같이, 외면적 우아함의 소유자들도 자신과 같은 우아함을 갖지 못한 자들이 자신의 외면적 우아함을 갖도록 하는 것에, 즉 소유하도록 하는데, 사명감이 있는 것처럼 행동한다. 그들은 정결한 집에서 정결한 옷으로 갈아입고, 아름다운 예술을 이야기하고 스피노자의 말을 기억해 두었다가 사람들에게 이야기하는데 만족하고, 이것이 바로 [우아한 인간의 표상]으로서 사람들이 인정해주기를 갈망한다.

[그러나 외면적 우아함이라도 가지려고 노력하는 것이 그렇지 않은 것보다는 낫지 않겠는가.]

오두막 산장에서

우리는 자유정신을 추구한다. 그들은 자유롭지 않다. 외면적 우아함은 자유를 속박한다.

우아함을 자유로운 삶과 바꾸어서는 안 된다.

그런데 더욱 안타까운 것은 외면적 우아함을 가질 수 없는 힘든 상황 속의 사람들이 자신은 정신적 우아함을 가질 수 없을 것으로 결정짓는다는 것이다. 이제 대부분 사람은 우아함과 경제적 부를 연관 지으며, 우아함과 지식을 연관 지운다. 우리는 여기서 매우 즐거운 경험을 하게 되는데, 그것은 우아함을 소유한 자와 그렇지 않은 자 중에서 도대체 누가 우아한 자인지를 구별할 수 없다는 것이다. 약간의 차이가 있다면 스스로 좀 더 우아하다고 생각하는 외면적 우아함의 소유자에게서 조금 [더] 냄새가 날 뿐이다.

우아한 척하는 자에게서 나는 악취는 가축들도 싫어한다.

우리는 이 산에 무엇하러 왔는가. 그렇다. 자유의 바람을 찾아 [머무름에 의한 냄새], [우아함의 냄새]를 없애기 위해 이 산에 온 것 아닌가.

연극을 떠나다

오두막 산장에서

가을 산, 자유의 바람 속에서, 조용한 즐거움이 느껴진다.

우아함을 가장하는 연극으로부터 언제 벗어날 수 있을 것인가. 그때까지 우리는 우아할 수 없을 것이다.

연극을 떠나다

6. 예술적 관조의 공과

[미의 세계가 우리 인간에게 어떤 의미와 가치를 부여하는가.]

붉은 노을은 주황과 파랑의 연속으로 어둠과 잘 어울리어 있다.

우리 세계, 자유로움의 대표자인 예술가와 미학자들이 미학적 관조에서 간과한 것은 세계는 관조의 대상일 뿐 아니라, 사유의 대상이란 것이다. 하나의 예술 작품이 의지로서 표출되기 전에 이미 예술적 관조로서 파괴되어 버리곤 한다.

만연된 예술적 관조는 미의 의미를 확대하지만, 동시에 그것을 파괴한다. 진정한 예술가는 미와 함께, 관조로 파괴되지 않는 사상까지 창조해야 한다.

우리 인간은 자신의 위대한 창조가 생성물에 대한 자기 의지 표출로서 유지되지 못하고, 표출된 의지에 대한 어처구니없는 제 3자의 관조적인 재평가로 제한되고 억압받기 쉽다는 것에 주의해야 한다. [우리 창조적 행동과 그 삶은 누군가 · 무엇인가에 의해 파괴당하고 있다.]

오두막 산장에서

우월한 자들 편인 것 같은, 우리 세대 예술가와 미학자들에 의해 [세련되지 못함]이 비난받고 있다. 슬픔에 잠긴 약자를 우매한 자로 몰아간다. 도대체 아름다움을 평가하는 그들은 누구인가. 그들이 그럴 자격이 있는가. 이때 허무주의적이며 관조적인 재평가로 위대한 생성에의 의지가 영향받지 않기 위해서, 우리에게 필요한 것은 바로 대상, 즉 존재에 대한 고요하고 깊은 사유이다. 즉 실존적 존재 [나]에 대하여 사유하는 것이다. 실존은 관조적 재평가를 무력화시키기 때문이다.

우리는 [예술과 철학을 분리하지 말 것], [예술을 모든 인간 일반, 가난하고 힘 없는 약자를 위해 만들 것], [미를 위해 미를 만들지 말 것]을 요구한다. 가난하고 배고픈 자도 보고 듣고 느낄 수 있는 일반 예술, 존재 본질이 사유된 예술, 그 예술 작품 앞에서 약자나 최고의 권력을 가진 자나 모두 평등한 작품을 요구한다.

- 예술마저 연극 무대 장식품으로 전락하는 것을 막기 위해서는 그들의 깊은 고뇌가 필요하다.

이를 보여 주기라도 하는 듯이, 노을로 둘러싸인 붉은 가을 산이 눈에 들어 온다.

연극을 떠나다

7. 의지의 분열

[어떻게 하면 자기 자유 의지대로 삶을 만들어 갈 수 있겠는가.]

우리가 자유 의지로 가득 찬 삶을 만들기 위해서는 자기 본질뿐 아니라 대상의 본질에 대한 성찰을 함께 필요로 한다. 의지의 양태는 자신과 타자(他者)의 타협 과정에서 나타나기 때문이다. 의지 표출은 보통, 자신을 나타내려는 [의지 발현]과 동시에, 그 나타남으로 기인하는 자신을, 대상 또는 타인이 수용하는 과정에서 발생하는 [의지 억압]이라는 이중적 과정을 가지고 있다. 우리는 자신의 의지가 대상에 의해 수용되도록, 자기 의지에 이중적 타협 요소를 반영시켜야 한다. 그렇지 않으면 자기 의지는 즉시 저항에 부딪힌다.

자유 의지는 자기와 타자(他者)와의 합의를 전제로 하기 때문에 타자(他者)에 대한 고려를 통한 [의지 조정과 성찰]이 기본 조건이다.

대상은 의지 표출에 직접 영향을 미쳐, 의지를 왜곡시키고 변형시킨다. 그러므로 우리는 한 대상에게 자기 의지를 표출하려고 할 때, 이 대상적 객체가 오히려 자신의 의지를 왜곡시키고, 그럼으로써 자기 의지를 파괴하는가를 성찰해볼 필요가 있다.

오두막 산장에서

우리 주변은 의지 파괴 요인들로 가득 차 있어서, 이로부터의 이탈을 끊임없이 시도해야 한다. 그러나 일반적으로, 우리 대부분 의지는 의지 파괴자에 의해 이미 파괴되어 버렸다. 우리는 그것을 성찰 · 간파하지 못하고, 모든 원인을 자기 의지 부재로 생각하며 스스로 의지를 분열시킨다. 이렇게 자유 의지가 대상에 의해 억압되고 있다.

우리, 지금 벗어날 수 있겠는가. 억압의 무대에서 내려올 수 있겠는가.

우리는 산에 오르기를 의지한다. 그러나 많은 억압적 요소를 극복해야 비로소 산으로 출발할 수 있다. 이 간단한 자유 의지도 그것을 막는 것들로 가득하다.

연극을 떠나다

8. 의지 분열로부터의 출구

[의지의 분열에서 벗어나기 위한 방법은 무엇인가. 그리고 우리 자유 의지를 유지하는 방법은 무엇인가.]

의지 파괴자로부터 자신을 지키기 위해서는 우리 사람들이 그렇게 오랫동안 탐구해왔던 실존 [나]와 대상(對象)의 본질을 성찰하는 것이 필요하다. 이 성찰을 통하여 대상을 자신의 의지와 동일화시켜 자기 의지를 표출하는 [적극적 방법]을 선택하거나, 자기 의지와 반하는 대상으로부터 자신을 도피시키는 [소극적 방법]을 선택해야 할 것이다. 상대방을 자기 생각과 같도록 설득시키거나, 자신의 의지를 그의 생각에 맞추는 것이다. 처음부터 상대방과 대립을 피하는 방법이다. 이 방법으로부터 [의지 분열]을 피할 수 있다. 우리는 소극적 방식보다는 적극적 방식인 [대상에 대한 본질을 성찰하여 대상을 자기화시키는 방법]을 사유해 나갈 것이다.

[대상의 자기화란 무엇인가.]

대상의 자기화는 대상을 자신의 사유공간 속으로 끌어들이는 것이다. 이를 이해하기 위해서는 자신의 사유 세계에 대한 이해와 성찰을 우선 성취해야 한다. [자신에 대한 성찰]은 자기 의지 표출을 위한 전제이기 때문이다. 이것이 충족되지 않는 한, 우리는 소극적 방식에 의한 [의지 도피]를 겪어야 하는 운명을 피할 수 없을 것이다. 사유 공간은 의지 · 존재 · 인식이 이루는 삶의 통합 공간이다. 우리 인간은 의지가 분열되면 대상으로부터 뿐 아니라, 자신으로부터 자기 의미를 잃어버린다.

의지 분열로부터의 출구는 실존 [나]와 대상(對象)에 대한 탐구이다. 절망으로부터의 출구도 동일하다. 절망한 자는 삶에서 조금 떨어져 자신을 바라봐야 할 것이다.

대상의 자기화는 자신의 의지 · 존재 · 인식이 이루는 삶의 통합 공간에 대상을 배치하는 것이다. 이 과정의 장점은 우리 삶이 대상을 쫓아가는 과정에서 자기 주체적으로 대상을 수용하는 과정으로 변화한다는 것이다. 예를 들면, 명예를 쫓아가는 것이 아니라, 우리 삶의 공간 중 매우 작은 일부분에 명예를 위치시킨다. 이렇게 되면, 명예를 얻지 못해도 상관없다.

의지 분열로부터의 출구는 결국 실존을 찾는 것이다. 그리고 실존을 통해, 삶 속에서 강요되는 연극 무대를 떠나는 것이다.

9. 나에 대한 오류

우리는 자유정신 그리고 자유의지를 잃지 않기 위해, 자신에 대한 탐구, 실존 탐구가 필요하다.

[우리는 존재 상실, 그 잃어버림 상태를 어떻게 알 수 있는가.]

[자신은 있는 대로의 자신에 관한 인식을 하는 것이 아니라 다만 자신에게 나타나는 대로의 자신에 관한 인식을 할 뿐이다] 칸트(Immanuel Kant) 라는 생각은 우리가 모두, 조금은 극(劇)적인 태도를 보임을 암시한다. 왜냐하면, 이는 희극 배우들이 자신의 관객들에게 관객들 자신에 대한 인식을 줌으로써, 미소를 머금게 하는 것과 매우 유사하기 때문이다. [나타남의 자신]이 아니라, [있는 그대로의 자신]은 타자(他者)와의 관계를 무화(無化)할 때, 비로소 그 모습이 조금씩 어렴풋하게 드러난다. 관계가 [나]를 너무 짙게 채색하기 때문이다.

우리는 희극에 빗대어 나에 대한 오류를 사유한다. 우리는 희극 배우로부터 웃음을 얻듯, [타인에게 나타나는 바대로의 나의 모습으로] 삶을 의지(意志)하는 희극적 어리석음에서 벗어나기를 권유한다.

물론, 어려운 일이지만 우리는 [자기 존재에 대한 깊은 인식]을 통해 자신의 삶을 처음부터 재구성해야 한다. 하지만 표상된 자신의 대타적 존재 속에서 간간이 보이는 희극적 자신에 몸담아, 무대를 내려오기가 힘겹다. 애석하게도 우리는 자신에 대한 오류에 대해 너무도 무관심하다.

[자신에 대한 오류]는 자신에게 희극적 비애감을 경험시킨다. 우리 인간 일반은 자신을 이루는 모든 것이 자신을 둘러싼 대상에 의해 결정되고 있음을 잘 느끼지 못하며, 이로써 대상에 의해 나타나는 자신의 존재를 자신으로 오해한다. 오히려 우리는 대상에 의해 결정지어진 자신을 보호하는데 전력을 다하며, 그것이 자신을 향상하는 것으로 확신하고 있다. 하지만 이것이 비애감의 근원이며, 우리 인간 일반 모두가 겪는 일이다. 문득 자신을 돌아보면, 자신이 어디에 있는지, 지금 무엇을 하고 있는지, 자신이 도대체 무엇인지 혼란스럽기 때문이다.

자신의 자유 존재로부터 분출되는 자유로운 [나]를 찾는 것은 특별히 어려운 것이 아니라, 그것을 시도하지 않을 뿐이다. 그 시도가 지금까지 살아온 [삶의 가치와 의미]를 감소시키기 때문이다.

오두막 산장에서

자신의 분출은 그 본성상, 독립적인 성상(性狀)을 전제로 한다. 즉 자신 이외의 [객체 사유와 자기 사유를 분리]하여 [독립적인 자기 사유]를 가지는 것이 필요하다. 이 독립적인 사유를 보호하고 자기화시키는 과정을 통해, 존재의 자기화와 독립을 달성할 수 있다.

독립적인 자기 개별 세계, 우리는 이를 사유한다. 자유 존재로부터 분출되는 자신만의 정신, 자유정신은 독립적인 자기 사유를 전제로 한다.

그러나 우리 시대, 자신을 구성하고 있는 대부분 사유가 자신으로부터 창조된 것인지, 타인의 사유로부터 도용된 것인지 알지 못한다. 그뿐 아니라, 창조적 자기 사유에 대한 부정과 타인의 사유를 자기화하는데, 이미 만족을 느끼고 있기 때문에, 창조적 자기 사유 필요성은 거의 파괴돼 버리고 있다.

창조보다는 모방이 우리 주위를 가득 메우고 있다. 가을 산바람은 창조에 대하여 무언가 말하는 듯하다.

연극을 떠나다

오두막 산장에서

저명한 학자의 감성적 문장을 삶의 지표로 삼고, 반복적 교육으로 그렇게 되도록 강요 받고 있다. 우리는 이 삶의 지표를 합리화시키기 위해, 자기 삶 방식마저 변화시킨다. 이제 우리는 더 이상 우리가 아니며, 타인에 의해 결정 지어진 피조물로서 삶을 꾸려 나가, 창조적 자기 사유는 한낱 쓸모없는 공상 따위로 전락하여 간다. 우리는 이 쓸모없이 전락한 [공상적 자기 사유]를 통합하여, 새로운 자기만의 삶의 창조를 시도한다.

우리는 [자기 사유 공간 세계]를 통한 삶의 자기화를 달성하려 한다. 이 시도는 현재의 자신이 부정되고 파괴되는 위험을 감수해야 한다. 타인에 의해 결정된 자신을 부정하는 위험은 자신을 철저한 고립 속으로 빠뜨리기 때문에, 완전히 파괴된듯한 삶 속에서 자신을 유지할 수 있는 건강한 힘이 필요하다.

지금도 우리는 충분히 창조적이지 않은가. 우리는 창조를 그렇게 강조해 오지 않았는가. 모든 저명한 학자들이 미래 사회는 창조적 능력이 세상의 주류가 될 것이라고 힘주어 이야기하지 않았는가. 그렇게 창조를 준비해 오지 않았는가. 그런데 우리 주변에는 대부분 모방뿐이다. 무엇이 문제인가. 자기 부정과 자기 파괴를 견뎌야 한다. [모방하도록 세뇌 · 강제되어온 우리 허위적 존재 [나]를 깨뜨리는 모험이 필요하다.]

연극을 떠나다

창조적 삶을 살 것인가, 종속적 삶을 살 것인가의 문제는 [자유인]으로 살 것인가, 타인에 의해 결정되는 [노예적 삶]을 살 것인가를 결정하는 문제이다. 이에 대한 성찰(省察)은 자유정신을 가진 자라면 반드시 가져야 하는 사유 과정이며, 더 이상 자신을 어둠 속으로 몰아, 창조적 사유 세계로부터 이탈하도록 자신을 방치해서는 안 된다.

우리는 알 수 없는 무엇에 의한 노예로서 살고 있는 것은 아닌가. 우리는 과연 자유로운가. 자유로움의 주체인 [나]의 실존을 모르는데 자유로울 수는 없지 않겠는가. 어느 철학자 하이데거(Martin Heidegger), 존재와 시간의 [그들]이 이 사람, 저 사람 그리고 나도 아니며 모든 사람도 아니다. 그들은 불특정 다수이다. 우리는 일상의 모든 판단을 그들의 뜻에 따라 결정한다. 의도하는 대로 살아가고 있는 것은 아닌가. 우리는 오류투성이 [나]로부터 탈출할 수 있을 것인가.

자신만의 독특한 삶을 찾아 나섬, 이것이 인간이 실존(實存)할 수 있는 유일한 방법이다.

어떤 것에도 방해받지 않는 근원적인 자유, 일상적 삶에서 벗어나 자신만의 고유한 삶을 사는 것, 우리는 정말로 실존하고 있는가. 그들이 방해하는가. 삶의 불행, 가난이 방해하는가. 여기에 한

두 가지 알려진 비밀은 있다. 그것은 민중의 실존적 삶을 두려워하는 소수의 힘 있는 자들이 있고, 그들은 자유롭고 창조적인 삶을 우리 민중에게 주고 싶어 하지 않는다는 것이다. 이에 대하여, 우리는 훌륭한 예지자 예링(Rudolf von Jhering), 권리를 위한 투쟁 를 이미 100년 전에 가지고 있다. 우리 모두가 바로, 삶으로부터 위임받은 법의 집행자요 수호자이다.

자유와 자유정신을 위한 [투쟁]은 선택이 아니라, 의무이다. 잊지 말 일이다.

10. 어지러움

[선악의 불분명함에 기인한 가치 혼돈에 대하여, 우리는 어떻게 대응할 것인가.]

가치의 양립에 대한 인간의 반응은 [어지럼증]으로 나타난다. 옳고 그름에 대한 절대성 부재, 즉 변덕스러운 상대적 선(善)의 가치 평가는 인간 행동마저 바꾸어 버렸다. 이제 인간은 자신의 행동을 평가해줄 절대자에 매달리는 수밖에 없을 것이다. 절대성의 부재는 곧 인간 파멸임에도 불구하고 저 유명한 평민주의 이상향으로, 우리 정신은 마약에 중독된 것과 같이 스며들어 갔다. 이 파멸에서 벗어나려면 새로운 전환이 필요하다. 절대 선, 절대 가치, 절대 아름다움 우리는 절대 철학을 추구한다. 이 절대성으로의 전환에는 적어도 한 세대 이상의 기간이 소요될 것이다.

어지럽지 않으려면 흔들리지 않는 대지가 필요하다. 바다 위에서는 배의 바닥을 견고히 해도 소용없다.

우리는 절대성을 주장한다. 절대성을 찾지 못하는 것은 우리 인간 나태함 때문이다. 이것도, 저것도 모두 옳은 것은 아니다. 자유정신을 탐구하지만, 우리 목표는 절대적 진리임을 잊지 말 일이다. [절대성 부재에 의한 어지러움], 이것이 우리가 겪고 있는 혼돈이다.

우리가 연극을 떠나, 향하는 목적지는 견고한 대지, 타자(他者)에 의해 흔들리지 않는 실존 [나]이다.

11. 억압의 수단

우리는 [도덕]을 통하여, 진리 절대성을 만들어 가는 것이 가능한지에 대한 의문을 갖는다. 우리는 좋은 사람들, 선한 사람들, 따뜻한 사람들로 가득한 세상을 꿈꾼다. 우리 삶은 그럴 수 없는가. **[평등을 부여하는 진리 절대성은 불가능한 것인가.]**

도덕적 가치는 그 상대성으로 인하여 그 가치가 혼돈되고 있다. 시대에 따라 변화하는 도덕적 가치 속에서 인간은 절대적인 도덕을 망각하게 되었으며, 그 도덕적 가치의 의미조차 망각되고 있다. 이제 우리가 간과해온 것에 눈을 돌린다. 시대에 따라 변하는 도덕 가치는 이미 그 의미를 상실한다. 오히려 그것은 도덕의 이름으로 위장된, 억압 수단으로 전락할 것이다.

- 도덕은 모든 것을 해줄 것 같지만, 오히려 우리에게서 항상 빼앗아 간다. 자유를 빼앗고 평등마저 빼앗는다.

- 도덕의 절대성 부재를 인간 다양성 탓으로 하는 것은 철학의 무력을 감추는 오래된 거짓이다.

도덕은 결국 억압이다. 여러 사람이 이야기 했고, 이는 거의 역사적으로 증명된 사실이다. 그렇지 않으려면 우리는 무엇을 해야 하는가.

진정한 도덕은 시대에 따라 변하지 않는 인간 행동과 사유 가치 기준이어야 한다. 이를 위해 우리는 도덕적 기준을 정확하게 설정할 수 있는 절대적 도덕 개념을 먼저 인식해야 한다. 이미 플라톤으로부터 시작되어 푸코까지 이어진 [도덕 부정]에 대한 근원은 도덕적 가치의 경박한 변화에 대한 반감으로부터 시작된 것이다.

우리는 도덕적 가치에 대한 혼란으로부터 기인한 [도덕성에 대한 기준 부재] 속에서 살고 있다. 이 가치 기준 부재는 인간을 혼란스럽게 하며, 어떤 삶으로 자신을 완성해야 하는지에 대한 목표 자체를 파괴한다.

너희들의 세계에서 쫓기어
자만으로 자라고, 자만으로 속은
나는 나라 없는 임금님
- Hermann Hesse -

오두막 산장에서

자유정신을 가진 자는 자신만의 절대 도덕을 찾아 떠나는 것이 좋다. 바로 지금, 그 밝은 녹색 평원을 찾아, 험난한 길이더라도 자만과 용기를 가지고, 혼자만의 왕국으로. 처음은 외롭겠지만, 억압의 무대에서 탈출하려는 사람들이 곧 몰려들 것이다.

연극을 떠나다

오두막 산장에서

12. 위장된 도덕과 절대적 도덕

[절대적 도덕은 무엇이고 또 가능한 것인가.]

우리는 도덕 절대성을 상실함으로써, 우리 시대에 적합한 새로운 위장된 도덕을 소유하게 되었다. 위장된 도덕은 파괴되어야 한다. 거짓들이 파괴된 후에야, 드디어 절대적 도덕이 드러나게 될 것이다. 위장된 도덕 파괴자 역할은 새로운 시대를 여는 [역사 창조자]의 역할이다. 그리고 그들이 더욱 중요한 것은 변치 않는 가치를 확고히 해주는 [가치 파괴자, 가치 창조자]의 역할을 한다는 것이다.

지금 우리에게 위장된 도덕은 무엇인가. 우리 일반 민중을 불행하게 하는 위장된 도덕은 무엇인가. [나]를 잃게 만드는 것, 의미 없이 조직과 국가를 위해 자신을 희생하는 것, 성실함으로 위장된 극히 제한된 자유정신, 이것이 위장된 도덕이다.

이제, 우리는 영원한 도덕을 추구할 것이며, 영원한 도덕적 가치 발굴자로서 역할을 충실히 수행할 것이다. 도덕은 절대적 가치이며, 그 절대성이 무너지는 순간, 도덕은 가치 없는 교활한 미덕으로 전락한다.

연극을 떠나다

절대성 근원은 인간 삶에 대한 [자유에의 의지]로부터 유래된 것이며, 이로부터 [절대 도덕]에 대한 조망과 접근이 가능하다.

[절대 도덕]은 인간의 자유로운 삶과 관련된 것이며, 인간을 세련되고 문화적으로 보이게 하는 억압 수단과는 거리가 멀다. 그러므로 가장 세련되고 문화적인 교양 있는 부류의 인간은 대부분 가장 위선적인 도덕 신봉자일 뿐 아니라, 또한 가장 비도덕적인 인간인 경우가 많다.

[절대 도덕]과 만나기 위해 우리는 사람들로부터 자신을 독립시킬 필요가 있다. 이는 그들은 자신 주변 사람들을 그들 세계 속에 머물도록, 끊임없이 우리 정신을 중독시키기 때문이다. 머뭇거리지 말고 자신을 향해, 잃어버린 [나]를 찾아서, 도회지 속 사람들 사이에서도, 깊은 산 고독 속에서도, 항상 동일한 [절대 가치]를 찾아서 출발한다.

[절대 정의]는 다수를 위한 것이 아닌, 개인적인 것과 절대 평등한 삶의 자유 관련이 있다. 명분을 앞세운 위장에 속지 말 일이다.

13. 파괴적 지식

[철학은 지금 우리 삶에 어떻게 실질적 도움이 되는가. 사유는 유용한가, 무용인가.]

- 우리는 본래 우리 것이었던 내면의 자유와 힘을 회복시켜야 한다. 타자(他者)가 내뿜는 거미줄에서 벗어나 자유로운 대지로 발을 내디뎌야 한다.

철학은 아무도 모르게, 개인 [개별 삶의 목표 결정 근원]으로 작용한다. 대상의 [물(物) 자체로서 개념]과 대상의 [나타나는 바로서 개념]과의 통일을 [통합 개념]이라고 한다. 그러나 우리는 인간 이성으로서 도달하려는 [통합 개념] 추구로부터 도피하기 시작했다. 아니, 이제 우리 삶에서는 도피할 수밖에 없다. [통합 개념]은 실제적 사물의 본질이라 할 수 있다. 통합 개념에 대한 탐구는 인류 역사 이래로 계속되어 왔다. 하지만 우리 시대에는 그 생명이 위태롭다. 지금 우리는 자유가 없고 힘도 별로 없다. 두려움 때문이다. 삶의 목표가 방황한다.

- 철학은 우리 결과물을 다시 인간을 위해 사용하도록 강제한다. 철학은 인간을 위한 학문이다.

물(物) 자체에 대한 직관에의 의존성으로부터 파생된 물(物)에 대한 [선험 사유]와 물(物) 자체에 대한 관념과의 통일에 기인한 [관념 사유], 물의 오감적 경험을 기반으로 한 [현상, 경험 사유], 이 모든 것이 물(物)의 본질에 대한 인간 노력 흔적이다. 이 노력을 통하여 인간은 사랑 · 정의 · 도덕 · 경험 · 실증 · 과학 · 풍요 등, 삶의 목표를 정해 왔고, 또 생존해 왔다. 철학은 삶의 장식품이 아니라, 우리 삶의 근원이다. 철학은 삶 자체이다. 철학은 우리의 삶에 어떤 도움도 주지 않는다. 철학은 우리 삶 자체를 만들어 간다. 철학은 삶의 주체이다. 그러나 우리는 나태해졌고, 힘의 결여, 한가로운 시간과 자유부족은 우리 일을 더욱 어렵게 만들고 있다. 우리는 아무것도 하지 않을 때, 비로소 실존적 존재에 대한 인식을 시작한다.

사물 본질에 대한 답은 각 시대를 만든 철학적 사유에 의하여 각각 달리 해석되어 왔다. 그러나 우리 시대는 새롭게 해석된 철학 사유를 발견하기 어렵다. 우리는 현상론적, 논리적 접근에 만족하며, 더 이상의 탐구는 쓸모없는 것으로 돌려 버렸기 때문이다. 이는 철학마저 학문화하려는 우수한 지능을 가진 집단의 술수이다.

한편으로는 자신에 대한 정복 역사에서 탈진한 우리는 [자신의 것] 이외에 대하여 정복을 시도하고 있는지 모른다. 우리는 많은 부분을 정복한 것은 사실이다. 하지만 우리 삶의 모습과 목적은 변화하는데, 그에 따른 철학 사유와 그것의 자기화 시간이 절대적으로 부족하다. 삶의 방식에 대한 자기화 결여, 이로 인해 우리 성과 대부분은 불완전하고 파괴적일 수밖에 없다.

[불완전성]은 항상 파괴적 요소를 포함한다. 이제 시간이 많지 않다. 모든 것이 파괴되기 전에, 그리고 삶을 재건하기 위해, 지금 상영되고 있는 연극을 박차고 일어나, 우리 자신 그리고 사물 본질 탐구를 다시 시작해야 한다. 무엇이 우리에게 정말로 필요한 것인지에 대한 인식마저 파괴되기 전에.

우리 주변이 아무 일 없이 그대로 흘러가고 있는듯한 것은 오해이다. 우리 삶과 사회는 이미 파괴 징후들이 보인다.

14. 파멸의 징후

오두막 산장에서 보는 산은 이제 그 푸르름이 어둠에 가려지고 소나무 향이 바람과 함께 흩뿌려진다. 우리는 묻는다. **[그래도 문명은 계속 발전하고, 삶은 풍요로워진 것 아닌가.]**

파괴적 불완전성은 인간 성과로부터 인간을 향상시키는 것보다 퇴보시키는 역할을 수행한다. 우리 역사를 통하여 우리 삶을 발전시킨 것으로 판단되었던 것들이 지금 우리 삶을 진정으로 향상시켰는가에 대한 재평가가 필요하다. 우리가 이룩해 놓은 문명과 그 삶은 우리 최선의 선택이었는가. 좀 더 다른 세계가 지금 도래(到來)되어 있지는 않았겠는가. 이 불완전한 문명이 나아가는 대로, 우리 삶을 맡겨도 좋은가.

인간 미래 결정에 참여하려는 생각을 가진 자는 우리 미래를 지금 이대로 흘러가도록 내버려둘 수는 없다는 것을 이미 인지하고 있다. 삶은 대상(對象)에 대한 정복과 자신(自身)에 대한 정복이 균형을 이루도록 그 발전이 조절되어야 하고, 그 균형이 깨지면 파멸의 징후들이 우리를 압박한다.

오두막 산장에서

인류 파멸이 눈앞에 있다. 자기와 집단 이익을 위해 무엇이든 하는데 주저하지 않는다. 우리는 무엇을 해야 하는가. 누구나 여건만 된다면, 이제 인간 본질 정복에 힘을 모을 때가 되었다. 사유 세계를 성찰, 그것이 우리 행동과 삶에 어떻게 작용하는지를 인식해야 하는 시기가 도래했다. 존재 · 의지에 대한 인식 작용을 통하여, 내면 삶의 세계를 사유해야 하는 늦출 수 없는 시기이다. 그 사유 세계로부터 진정한 삶의 자유를 획득하는 실존적 존재 [나]의 구성을 시도해야 할 시기가 이제 우리 눈앞에 있다. 이는 우리와 타자(他者), 우리 집단과 타 집단을 통합할 것이다.

눈앞에 있는 우리 [사유 공간]이 바로 자유정신으로 가득 찬 잃어버린 [나]를 의미한다.

인간 역사는 발전을 멈추고 어느 정도 퇴보의 시간을 가질 것은 분명하다. 우리는 시급히, 평등한 자유에 있어, 인간 총체적 균형을 성취하기 위한 인간 본질에 대한 탐구를 완성해야 한다. 분노하고 용기를 내어 이를 막는 모든 것과 투쟁해야 한다.

그리고 우리는 이미 어두워진 바람에 흔들리는 늦은 가을 산을 바라보면서 천천히 이렇게 사유했다.

연극을 떠나다

- 아직 늦지는 않았지만, 평등하고 자유로운 존재와 삶을 찾기 위한 사유 통합 완성 의지에 더 이상의 나태함은 허용되지 않을 것이다.

- 평등한 자유를 가진 존재와 삶에 대한 탐구만이 답답한 연극 무대가 아닌, 넓고 밝은 녹색 광야에서, 우리를 실존케 할 것이다.

15. 삶의 오류에의 저항

[우리 삶의 오류 속, 지금 우리가 할 수 있는 일은 무엇인가.]

고양된 정신의 본질은 [힘]으로서 나타난다. 그런데 [삶의 기능적 단순 복합체]로 잘못 인식된 [힘]의 본질은 [물질적 풍요]의 결과와 그 중요성을 사람들에게 지나치게 주지시켰다. 이로 말미암아 대부분 사람은 자신이 [힘의 부재] 속에 빠져 있는 듯한 느낌을 가지며, 이는 존재 의미에 대한 부정으로 확대되고 있다. 이와 같은 삶의 파괴 과정에서 우리 대부분은 절망할 수밖에 없으며, 이 무의지는 삶 자체를 의미 없는 혼돈의 세계로 전락시켜 버린다. 이에 대한 징후는 이미 삶에 대한 끊임없는 [불안]과 사람들이 가지는 [폭력성]으로서 나타난다. 우리 삶은 이미 붕괴하고 있다.

이제 고양된 정신 소유자들이 가지는 미래에 대한 대안은 [자신 속에 내재하는 힘을 발견하려는 의지]로 표출할 수밖에 없다. 우리 자신을 스스로 이끌어갈 자들은 침묵의 바다로 침잠하여, 삶과 존재 변화를 가능하게 하는 [힘]을 키워야 한다. 힘은 의지(意志)와 거의 동일 개념이다. 실존을 끝까지 찾아, 세상을 개별 실존 중심으로 바꾸려는 의지, 이것이 우리가 추구하는 [힘]이다. 물질적 풍요와 권력 그리고 명예까지, 사람들로부터 선망되어온 힘에 대한 오류를 뒤엎고, 사람들이 그에 저항할 수 있도록 그들을 인도할 것이다.

- 진정한 힘은 죽음의 순간, 그 모습을 드러낸다. 그때 도움이 되는 것을 삶의 목표로 우선하는 것이 좋다. 지금 비참하고 미천하다 해도, 오래지 않아 모두 같아진다.

- 실존의 [힘]은 하루아침에 완성되는 것이 아니라, 죽음의 순간까지 계속 축적되는 것이다. 물론 그 힘은 [대상과 타자(他者)에 무관하게 존재하는] 실존 [나]에 있다.

오두막 산장에서

16. 창조적 힘

밤이 되니 가을 산 공기는 차가워진다. 우리는 [존재 무거움]의 실체를 알고 있는가.

[우리 존재를 가벼움으로 이끌 창조적 힘은 무엇인가.]

힘의 본질에 대한 우리 인간 오류로부터, 삶은 투쟁의 장으로 전락되었다. 우리는 이를 본래 온화하고 부드러운 봄기운과도 같은 창조 근원으로 변화시켜야 한다. 이를 위하여 우선 [창조적 삶의 본질]을 정확히 인식해야 한다. 창조적 삶은 우리 사유와 행동[삶]을 통합, 자신의 창조적 사유 능력을 삶과 일치시키는 [삶의 개별화]를 의미한다. 이를 통하여 생각과 행동[삶]을 일치시킨다. 이로부터 비로소 삶 자체를 창조적으로 변화시키는 능력이 시작된다.

- 자기의 생각과 행동을 일치시킬 수 있는 능력이 있어야 비로소 개별 창조적일 수 있다. 생각이 모여 삶이 되는 것이 아니라, 행동이 모여 삶이 된다.

- 생각이 결여된 행동은 인간 개인을 특징 지울 수 없다. 사유와 행동의 일치를 통하여 실존이 탄생하며, 그 탄생으로부터 비로소 새로운 개별 창조가 발생한다.

연극을 떠나다

이제, 우리는 인간 일반 삶을 자신의 삶과 통합하기 위한, 개별 사유 공간과 인간 일반 사유 공간을 연결할 수 있는 기본 사유 능력 배양을 준비한다. 이로써 개별 사유가 자신만의 사유가 아닌, 인간 일반 사유로 변환될 수 있기 때문이다. 이를 통하여 개별 삶에 대한 의지가 인간 전체 삶을 변화시킬 수 있는 [공동체를 위한 창조적 힘]으로 전환된다. 인간 일반 대부분을 바꿀 수 있어야, 우리 개인의 개별 창조가 의미를 갖고 유지된다.

개체가 인간 일반 삶을 바꿀 수 있는가. 개체 자신 속에 있는 인간 일반 본성을 찾아, 그것을 자기 의지화하면, 인간 일반 삶의 의지를 대변하고 구현할 수 있을 것인가.

- 자신 속에 숨어있는 진정한 인간 일반 본성을 찾는 것이 바로 우리 삶 전반을 창조적으로 바꿀 수 있는 기반이다.

- 이제 떠나라. 존재 [나]의 실존을 찾아서. [존재 창조]는 신이 인간을 만들었듯이 아직 없던 [실존]을 만드는 것이다.

- 인간 역사가 지속되려면, 신이 창조했던 것과 크게 다르지 않은 창조가 지속되어야 한다.

오두막 산장에서

17. 은밀한 의도

밤이 깊어지고 멀리 떨어진 계곡으로부터 물소리가 들리기 시작한다. 우리는 스스로 이렇게 묻는다.

[우리는 모두, 도대체 지금 어디로 가고 있는가. 행복을 찾아가는가, 풍요로움을 찾아가는가.]

우리에게서 진정한 [힘]에의 의지를 찾아보기가 어렵게 된 것은 사실이다. 곳곳에서의 억압이 인간의 힘을 말살시키고, 우리 모두를 우민화(愚民化)시켜 버린다. 사람들은 정신적 사유 세계를 넓혀, 사유 능력을 배양시키는 노력을 포기하고, 주어진 삶을 반복하는 데 만족하려는 자기 최면에 빠져 있다. 이 최면은 인간의 사회적·개인적 욕구를 어느 정도 충족시켜줌으로써, 그것을 벗어나려는 시도를 억압하고, 우리 소중한 사람들을 그들 억압자 의 도구로 전락시키려는 의도에 의해, 은밀하게 진행되고 있다. 사실, 이런 시도는 눈뜬 자라면, 누구라도 알 정도로 역사적으로 여기저기 뿌리 깊이 박혀있고, 여러 번 우리 위대한 철학자들에 의해 이미 경고되었다.

억압을 국가 권력과 힘없는 민중 사이의 문제라고 생각하면 오산이다. 이 터무니없는 지배 본능은 동물적이어서, 힘 있는 개인도 이를 모방한다.

연극을 떠나다

주변을 둘러보면 모두 이런 자들 투성이지 않은가. 우리 일터에서 그리고 집에서 그리고 작은 집단에서까지, 어리석고 비열한 인간이 너무 쉽게 눈에 뜨인다. 우리 누구도 자신은 아니라고 단정 지을 수 없다.

우리는 이 억압으로부터 탈출 가능할 것인가. 첫 번째 관문은 [사회적 욕구를 과감히 포기]하는 것이다. 일단 억압으로부터 탈출에 성공하면, 그는 대중들로부터 우선 이질적 상태에 대한 [질시]의 눈총을 받게 되며, 그들에게서 [소외]되는 두 번째 시련을 겪게 된다. 그들은 이탈자의 성공을 내버려 두지 않고, 철저히 파괴한다. 이는 그들 삶의 합리성을 간접적으로 증명하려 노력할 것이기 때문이다.

어리석은 권력에의 의지와 본능도 문제지만, 우리 인간의 [안전한 무리에의 동질화 본능]도 우리를 자유로부터 속박하는 원인이다. 권력자는 권력자대로, 민중은 민중대로, 타자(他者)가 아닌 자신이 바로, 우리 자유를 속박하는 원인임을 자각(自覺), 인정해야 한다.

가장 중요한 것은 [두려움의 극복]이다. 연극 무대 이탈 성공으로부터 드디어 우리 삶에 대한 자유를 기반으로 한, 창조적 능력을 갖출 수 있다.

이때, 비로소 억압자와 억압 속 고통받는 자의 삶을 이끌 수 있는 능력을 갖출 수 있다. 억압으로부터 탈주자, 우리 이탈자는 두려워 말라. 결국, 우리 이탈자는 진정한 자유로운 삶의 인도자로서 우리 모두에게 삶의 진정한 가치를 부여할 것이다. 우리는 모두, 그를 기다린다. 그리고 우리 모두가 삶의 교육자, 인도자가 되기를 기대한다.

몇 사람 철학자, 인도자가 우리 민중 삶, 모두를 바꿀 수는 없다. 고난과 고통 속에 있는 바로 우리 민중 모두가 스스로 삶의 인도자가 되기를 조용히 희망한다.

오두막 산장에서

18. 철학적 사유의 빈곤함

[세상은 깃털처럼 가볍고 바람처럼 경쾌한 것인가. 세상은 아름답고 단순한 것인가.]

물고기는 깊이를 잴 수 없을 때 끝이 없다 한다.
하마터면 심술궂은 대답을 해서, 화를 내고 있는 지혜에게 진실을 말할 뻔했다.
내가 근본적으로 사랑하는 것은 오직 삶뿐이다.
그대는 아직 살아 있는가.
벌써 해가 졌구나.
아직 살아있다는 것은 어리석지 않은가.
내가 슬퍼하는 것을 용서하라.
저녁이 된 것을 용서하라.

- 니체, 춤의 노래, 짜라투스트라는 이렇게 말했다. -

삶을 있는 그대로 보고, 또 그렇게 사는 것으로 충분한가. 삶은 가벼운가, 무거운가.

연극을 떠나다

오두막 산장에서

목적의식 결여로부터 나오는 우리 세대 [삶의 방황]과 세대 간 의식 차에 의한 [삶의 부조화]가 우리 삶을 무너뜨린다. 이때 실제로 무력하고, 완전치 않은 이상주의자의 영향 아래, 소중한 젊은 자들은 하나씩 병들어가고 있다. 우리 철학자는 무엇이 잘못되어가고 있는지조차 모르는 우리 세대를 보면서, 그들을 바로 잡아 주어야겠다는 깊은 내면의 요구에도 불구하고, 그들을 설득시킬 정신적 근원을 찾지 못하고 있다.

불안정한 세대 간 부조화는 결국 우리 삶의 분열로 이어질 것임에도 불구하고, 이로부터 탈출을 시도하려는 노력을 찾아보기 어렵다. 젊은 자들에게 목적의식을 주지 못하게 된 이유는 바로 병약한 우리 세대, 정신적으로 나태하고 철학의 귀중함을 망각한 [무지한 우리]에게 책임이 있다.

우리 삶을 가볍고, 경쾌한 것으로 생각하기에는 우리 민중 삶의 격차가 너무 크다. 현재 우리 삶은 그렇게 가볍지만은 않다. 삶이 가벼워지기 위해서는 차분히 준비할 것이 있기 마련이다.

연극을 떠나다

우리 세대, 철학적 사유 빈곤은 비교적 쉽게 이루어질 수 있는 풍요로움으로의 목표를 향해 우리를 매진케 했다. 이는 우리 젊은 세대를 혼란 속에 병들어가게 한다. 아니 어쩌면 이는 우리 세대만의 문제가 아니라, 인류 역사 대부분 시대에 동일할 지도 모른다.

우리가 잊지 말아야 할 것은, 인간 역사상 가장 귀중한 시대 공통점은 [삶의 가치문제]가 깊이 대두한 때였다는 것이다. 이를 피해서는 안 된다.

우리는 나를 위하여, 우리를 위하여, 지금을 위하여, 미래를 위하여 [삶의 가치 문제]에 침잠한다. 무엇을 위해 우리는 지금 이 일을 하고 있는가. 결국, 자유정신을 가진 실존 [나]를 위해서가 아닌가. 자유로운 개별 [나]를 위한 삶을 원하는 것 아닌가. 그것을 얻으려면 [나]에게 침잠할 수밖에 다른 방법이 없는 것 아닌가.

오두막 산장에서

19. 삶의 목적

우리는 사유한다. [삶의 의미 있는 목적은 무엇인가.]

생존이 절실했던 기존 세대 삶의 목적은 풍요로운 세계 건설이었으며, [물질적 풍요로움이 가져다주는 환각] 속으로 자신을 몰두시켰다. 그런데 이 환상은 진정한 인간적 풍요로움, 즉 [자유롭고 자신만의 독특한 창조적 삶 실현을 통한, 여유롭고 부드러운 미소를 띤 풍요로움]을 망각하게 했다.

깊은 내면 세계로부터 길을 인도하는 듯한 자연스러움으로 자신의 삶을 구성 · 성취해 나가는 이상적 세대는, 새로운 세대에게 인간 목적의식을 다양하게 부각시킨다. 목적의식은 우리 생존을 결정한다. 이를 인도하는 자의 역할은 새로운 세대의 [삶의 목적]을 인도함과 동시에, 우리 모두의 미래를 결정하는 역할을 수행한다. 우리 삶의 목적은 평등한 자유 실현이다.

누군가의 삶을 인도하기 위해서는, 자신이 가진 삶의 목적이 진리에 접근해야 한다. 진리는 의심의 여지 없이, [평등적 자유]를 향한다. 만일 사람들이 자신을 따르지 않는다면, 자신의 목표를 돌아보고, 수정해야 한다.

연극을 떠나다

불완전한 기존 세대로부터 탄생한 우리 기형적 세대의 특징은 목적의식 결여로 집약된다. 이들 삶의 목적은 삶의 풍요로움이기보다는 탐욕스런 소유에 가깝다. 이는 그들에게 진정한 삶의 목적을 인도하는 삶의 교육 부재에 기인했을지도 모른다. 목적의식 오류는 우리 소중한 친구, 민중을 목적 실현을 위한 도구로 전락시켰다. 정신을 인도할 수 없는 자들은 억압으로 인간을 굴복시켰으며, 가장 손쉬운 방법은 인간 일반을 조직화, 구성원화 시키는 것이었다.

목적의식을 잃고 방황하면, 어리석고 탐욕스런 자들의 의도대로 우리 삶은 힘을 잃어 간다. 우리가 갈망하는 실존적 존재 [나]를 찾기 위한 비밀 열쇠는 진리, [평등적 자유]와 관련 있다.

자유정신을 가진 삶의 안내자 또는 [인도자]의 조건은, 사명감을 가지고 [인간 가치와 사유 세계를 새로운 세대에게 교육하고 전달]해야 한다는 것이다. 우리 인간 삶 속에서 [자유로움]의 가치를 인식하게 하고, 모든 인간 일반이 각자 자신만의 독특한 세계를 구성하는 위대한 창조적 능력을 발휘할 수 있도록 그리고 우리가 모두 풍요로움의 진정한 의미를 다시 인식할 수 있도록, 우리를 끝까지 도울 것을 기대한다.

우리 이제 연극 무대를 떠나려고 한다. 과연 우리는 삶이 짓누르는 [풍요를 위한 억압]에서 벗어날 수 있을 것인가. 사라져 버릴 물질적 풍요를 위해 우리 삶 전부를 희생한다는 것은 너무나 억울하지 않은가. 무언가 잘못된 것 아닌가. 우리에게는 그렇게 많은 시간이 허용되어 있지 않다. [삶의 목적], 자유와 평등을 위해 투쟁하고 물질적 풍요가 아닌 부드러운 삶의 미풍(美風)을 위해, 우리 두려움 없이 나아가야 한다. 절실함 切 을 가지고.

20. 사람들의 소음

[우리는 사람들 삶, 어떤 일에 관심을 가지는가.]

지금 무엇이 사람들 관심사인가. 지금 어떤 이야기들이 사람들 사이에서 오고 가고 있는가. 쓸모없는 정치 세계 작은 사건들을 아는 것이 자랑스러운가. 역사 속에서 잊혀 버릴 문제들에 대한 지식을 마치 자신이 살아 있다는 증거이듯이 정성껏 이야기하는가. 정치적 사건 나열을 머리속에 기억하고 있는 것이 자랑스러운가. 모든 세상 중대사가 자신의 머리에 들어가 있고, 자신에게 역사를 평가할 수 있는 능력이 있는듯한 착각에 빠져 있는가. 한 정치가의 작은 에피소드나 단점을 하나 알게 되면, 만나는 사람에게 이야기하여 자신의 박식함을 자랑하는가. 어디선가 들은 역사에 대한 오류를 열심히 지적하는가. 또한, 이런 지식에 대하여 반론이라도 하게 되면, 마치 이 시대 살 가치도 없는 자이기라도 한 것처럼, 비웃음으로 고개 돌리는가.

현세대같이 사람들이 말이 많은 시절도 없으나, 현세대같이 귀를 막고 다녀야 하는 시대도 없다.

사람들을 즐겁게 하고 유익한 정보를 주는 것의 가치를 부정하는 것은 아니다. 문제는 사람들을 즐겁게 하지 않고, 유익하지도 않은 지식을 전달하는데, 열심인 자들이 너무 많다는 것이다. 이는 우리 모두의 이야기이다. 이제 우리는 삶의 시끄러운 연극 무대를 떠나야 할 때이다.

사람들이 자신이 아닌 타자(他者) 일에 열심인 이유는, 아직 그들 중심의 무대를 떠나, 자신을 향한 문으로 들어서지 않았기 때문이다.

Ⅱ장. 사람을 목적하다

다른 사람들을 다 속여도 [나] 자신을 속일 수는 없다.
속이는 [나]와 그것을 알아채는 [나] 중에서 누가 실존, [나]인가.

고귀함을 위하여

과거를 창조하다

우리, 미래를 창조하고 있는가, 현재를 창조하고 있는가. 현재는 너무 순간이고 미래는 알 수 없다. 그러므로 우리는 선택한 결정들로 구성된 과거들과 싸워야 한다. 우리는 [과거 창조]를 경시하지 말고 노력해야 한다. 과거를 창조함은 자신이 결정한 일에 의해 현재 구성된 삶을 좀 더 의미 있게 하여, 과거 결정에 새로운 의미를 부여하는 과정이다. 물론, [과거 창조]는 자신의 선택과 무관하게 운명 지워진 과거 상황을, 현재 노력으로 새롭게 재창조하는 것도 포함한다.

21. 묵언

아침이다. 이미 우리는 나를 실존 [나]로 끌어들이고 있다. 우리는 묻는다. **[우리 삶과 존재의 고귀함은 무엇으로부터 탄생하는가.]**

고귀함은 민중으로부터 시작한다. 민중의 이야기는 시대를 대표한다. 우리 이야기에는 삶의 기준이 있어야 한다. 물론 이와 같은 민중 중심 시대는 인간 역사상 많지 않았지만, 우리 세대 들어서 삶을 인도할 수 있는 철학자의 부재는 민중 시대 부활을 더욱 어렵게 하고 있다. 고귀한 철학적 민중 사회는 그들을 이끄는 뛰어난 철학자들을 필요로 한다.

우리가 사람을 목적하지 않는 한, 철학적 토양은 오래지 않아 우리 곁으로부터 사라질 것이다. 우리 모두가 민중을 위한 교육자, 인도자가 될 수는 없다. 하지만 고귀한 민중 사회라면, 우리 모두 삶의 본질적 영역에 대해 사유하고, 함께 이야기 나눌 수 있는 소양을 갖추고 있어야 한다. 정치는 민중을 대변해야 한다. 그러나 대부분 정치가는 민중이 무엇을 원하는지를 잘 모른다. 민중이 진정으로 원하는 것은 그들이 생각하는 것을 훨씬 초월해 있기 때문이다. 민중은 철학을 원한다. 민중은 고귀한 정신을 원한다.

우리는 민중 모두의 세상을 만들어 가야 한다. 그러나 이는 우리 정치가들이 바라는 바가 아니다. 그들은 세상 주역은 자신이어야 하고, 민중을 자신의 성공을 위한 도구로 생각하기 때문이다. 물론, 그들은 그렇게 생각하지 않겠지만.

철학적 민중 세계 복원과 창조에는 많은 시간이 소요될 것이다. 우리는 이끌어주는 자가 없으면, 자신의 성찰되지 않은 사유를 진리로 받아들이려 하는 경향이 있다. 불완전한 진리는 절대 진리를 단순히 개별화시킬 뿐이다. 더욱 나쁜 것은 우리 성찰되지 못한 개별화된 사유를, [고귀함]으로 착각하도록 사람들을 선동하는 것이다. 그리고 많은 사람이 그렇게 선동되면, 민중의 자유와 평등을 목적하는 [고귀함]의 회복에 훨씬 더 많은 시간을 필요로 할 것이다.

- 우리는 자신의 불완전한 사유에 집착하여, 사람들 간의 벽을 만들며, 이는 결국 민중 분열을 야기한다.

- 깊은 공부가 선행되지 않은 [불완전한 개별화]는 진리를 파괴시킨다. 불완전한 개별성을 가지면 사람들과 거리가 멀어진다.

자기 생각이 다수 사람으로부터 지지를 받지 못한다면, 진리로부터 멀어져 있다고 보면 된다. 그러나 개인주의자들은 이를 경시한다. 그들은 어떠한 시도도 성공하기 어렵다.

우리 사회는 이미 민중 분열 현상을 겪고 있다. 그런데 이 현상이 개인주의로 오인되어, 확산되고 있다. 개인주의적 민중은 말이 많다. 그들은 말을 하지 않으면, 마치 타자(他者)에게 정복당하는 것으로 생각하여 끊임없이 말을 한다. 이제 말을 하지 않는 자(者)는 자기 사유 결함에 기인한 소극적 인간으로 전락하여 버릴 것 같은 운명이다.

현시대에는 말을 하지 않는 것도 중요하지만, 귀를 막는 것도 중요하다.

사람을 목적하지 않는 한, 그것이 어떤 것이라도 소음일 뿐이다. 실존하기 위해서는 보통, 오랜 묵언이 필요하다.

말을 해도, 하지 않은 것과 같은 말을 끊임없이 반복하는 것, 우리 이제 그만두는 것이 좋겠다.

산 아래 작은 광장에서

우리는 기대한다. 쓸모없는 말들에 자기 시간을 허비하지 말 것을. 이제 우리 중요한 사명 중 하나는, 잘못된 지식으로, 끊임없이 이야기하는 사람들이 입을 다물도록 하는 것이다. 사유 시간을 가지기 위해, 중요한 것 · 고귀한 것이 무엇인지를 생각하기 위해, 가장 필요한 것은 [묵언]이다.

사람을 목적하다

22. 진정한 교육자

이른 아침, 노을로 주황색으로 변한 하늘을 보면서, 우리는 왜 여기, 사람들 속에 있는지 생각한다. 무엇을 얻으려고 하는가.

[우리는 고귀함을 교육하고 있는가. 삶이 변하고 있는가.]

가르치는 자를 찾기 어려운 시대에, 젊은 세대들이 배울 수 있는 것은 소수 선별된 책을 통해서 밖에는 없다. 수많은 인문 · 과학적 지식과 학문의 전파에 열심인 교육자는 이제 자신의 지식과 교육에 대하여 깊이 생각해야 할 것이다.

무엇을 가르쳤는가. 자신이 알고 있는 것 그리고 암기하고 있는 지식을 전달했는가. 존경받을만한 교육자, 그들은 스스로 많은 것을 가르쳤다고는 하지만, 도대체 무엇을 가르쳤는가. 젊은 세대들이 깊은 사유를 통해 자기 삶을 창조할 수 있도록 하는데 교육자들은 무엇을 준비했는가. 사물을 깊게 인식함으로써 얻을 수 있는 자기 존재 침잠 교육 과정이 있기는 한 것인가.

아무도 부정하지 못한다. 우리는 자기 존재 속으로 침잠시키는 교육이 무엇인지, 그리고 그것이 왜 필요한지 고려하지 않는다. 물론 이미 알고 있다고 허세는 부리겠지만.

삶을 깊이 통찰하고 그것을 교육할 수 있는 자는 대부분 깊은 곳으로 숨어 버렸다. 삶이 파괴되어 간다. 우리, 진정한 교육자를 찾아 나서야 하지 않겠는가. 은둔해 있는 인식자를 찾아, 삶의 파괴 상태로, 권력과 재력가를 위한 무력한 준(準) 노예 상태로 전락한 우리 사람들을 도와주도록 해야 할 것 아닌가.

그는 비록 철학을 배척했던 민중에 의해 파괴되었지만, 힘을 회복하고 증대시킨 후, 민중을 위해 다시 돌아올 것이다. 그는 누구이고 어디에서 찾아야 할 것인가.

지금 여기 있는 우리 모두, 파괴된 자이면서 도피자이고, 또한 바로 [그 사람], 삶의 교육자 그리고 인도자이다.

23. 교육의 역할

우리는 이렇게 스스로 묻는다.

[교육 구조와 교육자 재편이 필요한가. 어떻게 재편해야 하는가.]

교육은 인간 일반을 교육자의 사유 세계로 이끌어, 자신과 동일화시키는 일련의 과정을 말한다. 그러므로 [자기 사유 과정]을 거치지 않고, 완성되지 않은 지식의 단순한 전달은 이미 교육 본질에서 벗어난 것이다. 완전한 교육을 성취하기 위해, 교육자는 우선 자신의 철학 세계를 완성해야 한다.

[자기 사유 과정]을 거친다는 것의 의미는 무엇인가. 우선 지식의 자기화이다. 지식이 자기화되어 교육자 자신의 행동까지 자신이 교육하는 내용과 일치하게 될 때, [자기 사유 과정]을 거쳤다고 이야기할 수 있다. 타인을 가르칠 수 있는 교육자가 되기 위해서 보통 오랜 공부와 준비 시간이 필요한 이유이다.

우리 교육 기관과 교육자는 타의와 자의에 의해, 이미 대부분 무력화되었다. 재편을 위한 준비가 필요하다.

진리 탐구를 최고 목표로 삼고 있는 교육 기관에서 간과해서는 안 되는 두 가지 중요한 역할이 있다. [진리 본질을 교육] 하는 것과 자기 힘으로 진리의 길로 들어설 수 있는 인식 능력을 갖출 수 있도록 [사유 공간을 제공해주는 것]이다.

우리 교육기관은 진리 본질을 교육하는데 인색하다. 아니, 진리 본질에 대한 교육에 무지하다.

물론 이는 옳고 그른 것에 대한 확신 없이, 지식만을 교육하지 않으면 안 되는 교육자의 권한 영역 축소에 기인하기도 한다. 그렇다면 우리 교육은 지금까지와는 다른 방법을 찾아야 하지 않겠는가. 지금 우리는 본질적으로 다른 교육이 필요하다. 새로운 교육 기관 구성과 실제로 교육할 수 있는 자를 위한 또 다른 교육, 진리 탐구 고귀함에 대한 교육, 타자(他者)를 위한 교육, 이처럼 우리는 이제 [사람을 목적하는 교육]을 처음부터 다시 시작해야 한다.

24. 우리 시대의 교육자

[우리 교육, 근본 문제는 무엇인가.]

인류 모든 발전은 교육을 근원으로 한다. 교육이 불완전하면 우리 발전이 인류 역사에 긍정적으로 기여할지는 의문으로 남게 될 것이다. 우리 교육 구조로는 희망이 보이지 않는다. 20년 가까운 교육 동안, 대부분 [필요 없는 것을 교육]하는 지금 우리 교육 내용을 이대로 둘 것인가. 이는 우리 문명 발전 역사의 파괴적 예에서 이미 확인되고 있지 않은가. 현재 발전하고 있는 듯한 외면적 모습을 보고, 그 속 민중의 힘겨운 삶을 눈감아 버리고 있지는 않은가.

우리 교육 기관은 [인식 능력을 교육할 수 있는 사유 공간 제공이라는 최고 교육 역할을 망각함]으로써, 그 역할이 이미 교육 과정 속에서 삭제되어 버린 지 오래다. 무엇이 우리 교육을 파멸시켰는가. 하지만 천부적으로 사유를 통한 성찰 능력을 갖춘 시대 인도자 교육자 는 항상 존재한다. 이들은 외부 교육과는 무관하게 자기 스스로 교육한다. 당분간 우리가 자신을 향상시키는 방법은 자기 교육을 통하는 수밖에 없는 것처럼 보인다. 현재 교육으로는 아무것도 해결할 수 없다는 것을 스스로 인정하는 시기가 곧 도래할 것이고 이때 우리는 교육 과정, 방법 그리고 교육자를 모두 재편해야 할 것이다. 우리 모두 새롭게 재편될 교육 과정을 준비해야 한다. 그것이 우리 힘으로 가능하도록.

인식 능력과 사유 공간을 교육하기 위해서는 그것을 인도할 수 있는 교육자의 확보가 최우선이다. 물론, 그들을 교육할 수 있는 철학이 먼저이다. 그 철학은 사람을 목적한다.

25. 통합 세계

산 아래 기슭은 고요하고 햇볕 따뜻하다.

[자연을 떠나, 사람들과 함께 있을 때 느끼는 편치 않음은, 어디에서 기원하는가.]

자연 속 삶은 무변화 삶이고, 급격한 변화를 원하는 자들은 오랫동안 살 수 없다. 자연 본성은 급격한 변화를 포함하지 않기 때문이다. 인간 비참은 의지 실현 불가 자각에 기인한다. 물론 그 대부분이 자기 책임이기는 하다.

- 자신이 아무것도 할 수 없다는 사실에 기인한 파괴된 의지는 모든 분야에서 인간을 무력화시킨다.

[의지 분열]은 인간 집단생활에서 상대적 무력함으로부터 기인한 비참을 그 기원으로 한다. 집단생활로부터 피할 수 없는 이 상대적 무력감은 자연상태로의 복귀 의지를 발생시킨다. 그러나 이를 위해서는 많은 준비가 기간이 필요하다. 자연상태로 복귀하기에 우리는 너무 약해졌기 때문이다.

[의지 분열]로부터 회복을 위한 단서는 자연과 집단생활 [통합 세계] 창조에 있다. 이는 집단생활과 자연 상태 세계를 포괄하는 좀 더 넓은 세계를 의미한다. 이 세계는 집단생활에 의한 [의지 분열] 그리고 자연 상태에 의한 [의지 회복]의 반복적 혼란이 아닌, 이 둘을 통합하는 우리만의 새로운 삶의 형태이다. 이 세계는 현재 비참의 이유를 [부분화], [최소화]하며, 이로써 삶은 조금 너그러워진다. 이 집단과 자연 [통합 세계]는 개별적이며 동시에 집단적이다.

[통합 세계]는 의지 분열에 의한 편치 않음으로부터 우리를 치유시킬 것이다. 또한, 바로 자신을 파괴하고 분열시키는 사람들 속에서, 치열하고 끊임없는 진리 탐구를 위한 새로운 삶의 세계로 자기 모험을 이끌 것이다. 이 [통합 세계]는 다수 사람들에 의한 그리고 그들을 위한 [자유를 위한 연대(連帶)] 우리 철학은 새로운 연대를 준비한다. 배경과 관련이 깊다. 이 연대는 사람을 목적할 것이다.

26. 초자연 통합 세계

통합 세계란 무엇인가. **[자연적 삶과 비자연적 집단적 삶의 통합 그것이 가능한 일인가.]**

자연적 세계와 비자연적 세계를 포괄하는 새로운 [통합 세계]는 자연(自然)과 비자연(非自然) 대립에 기인하는 삶의 대립을 허물어뜨릴 것이다. [자연적 삶]은 인간 개별 사유와 자기 삶을 일치시킴으로써 구성하는 세계이며, [비자연적(집단적) 삶]은 인간 일반 사유와 자기 삶을 일치시킴으로써 구성하는 세계이다. 우리 인간은 자연적 삶을 통해 자신의 힘을 느끼며, 그 힘을 근원으로 자신을 유지할 수 있다. 철저히 고양된 고귀한 정신조차 비자연적 삶이 지속되면 서서히 파괴된다. 이 파괴로부터 회복은 자연적 삶으로 복귀를 필요로 한다.

자연적 삶과 비자연적 삶의 반복은 [편치 않음]을 유도한다. 이는 자연적 삶에의 의지를 약화시키며, 결국 자연적 삶을 포기하고 비자연적 삶을 선택하게 할 것이다. 때때로, 자연적 삶의 포기 상태는 교양이라는 무거운 가치로 둔갑되어, 삶을 어색하게 만든다. 우리 인간은 그 사회 욕구적 본성상, 자기로부터의 자연 상태만으로는 삶을 구성시킬 수 없고, 필연적으로 비자연(집단) 상태를 포함하여 삶을 구성한다. 그러므로 우리 삶에서 극단적이고 어지러운 반복은 필연이며, 이것이 우리를 어지럽힌다.

우리는 이제 자연적 삶과 비자연적 삶을 통합하여, 통일적 삶을 영위(營爲)하는 세계를 사유한다. [초자연적 통합 세계]는 인간이 자신을 구성하는 사유 세계를 성찰하고, 이를 근원으로 하여 인간 일반(他者) 사유 세계에 대한 성찰을 수행하는 과정에서 발생한다. 이를 통하여 자기 사유 세계와 인간 일반(他者) 사유 세계를 하나의 사유 세계로 통합한다.

타자(他者)와 나의 통합. 어떻게 가능한 일인가. 무(無)는 자연적 삶을, 물(物)은 비자연적 삶을 대표한다. 누군가는 무(無)로부터 존재(存在)를 찾고, 누군가는 물(物)로부터 무(無)를 찾는다. 만일 우리가 찾는 것이 합치한다면, 우리 모두 변화 없는 통합 세계를 볼 수 있을 것이다.

통합 삶의 세계는 결국 모든 인간 사유 세계를 이해하는 세계이다. 이 세계 속에서 인간은 상대적 개념의 파괴를 경험한다. 이는 동일한 대상에 대한, 서로 다른 개념이 하나의 개념으로 융합되는 현상이다. 통합 사유를 통하여, 자신으로부터 기원하여, 우리 인간 전체 세계를 구성한다. 이로써 삶의 세계 기준 또한 자신으로부터 직접 사유될 것이다. 우리는 통합사유철학을 오랫동안 사유할 것

이고, 이는 다른 저술에서 깊이 이야기할 것이다. 통합사유철학강의, 有情 김주호, 자유정신사, 2014

진리는 자신과 타자(他者) 구분이 없다. 이미 진리로 세상은 가득 채워져 있다. 그러므로 실존 [나]를 알 수 있다면 자신과 타자를 구분하지 않는 절대 진리를 발견하는 것이 가능하다.

- 신(神)이 세상을 창조했던 것과 똑같이, 우리는 매일 아침 자신의 세계를 창조한다. 이로써, 아침마다 자신 그리고 사람들 고귀함이 그 모습을 드러낸다. 우리는 인간 일반, 그들의 자유를 목적한다.

27. 마취된 세계로부터 깨어남

[우리 인간이 가질 수 있는 최고 권력은 무엇인가.]

권력에의 의지는 자신이 가진 어떠한 것이라도, 자신 이외의 자에게 영향을 미칠 수 있는 요소가 발견되면, 그것을 권력화하는 데 집중한다. 이 현상은 스스로 창조적 힘(삶 변화 능력)을 소유할 수 있는 자신의 세계를 갖지 못하는, 현대 사회 대부분 인간 일반, 공통 현상이다.

- 우리는 자신이 가진 크게 쓸모없는 강점을 미화시키고 유지하기 위한 모든 수단을 생각하는데, 여기서 자신의 존재, [나] 실존 마저 그 희생양으로 바친다.

그들은 자신이 가진 준(準) 권력상태를 유지하기 위해, 자신의 정신과 육체를 [자신 마음대로 날조한 오류 세계 속으로 빠뜨려] 스스로 헤어나오지 못하게 한다. 이런 오류 현상은 자신의 세계가 최고 의미를 가지고 삶의 세계를 구성하고 있는 듯한 착각에 빠지게 함과 동시에, 자신의 세계가 위협받는 것을 참지 못하게 한다. 우리는 삶의 진정한 고귀함을 가르쳐 줄 사람이 필요하다. 허무한 [나를 향한 권력]과 [타자(他者)를 향하는 고귀함]의 차이를 가르쳐 줄 사람이 필요하다.

- 잃어버린 나의 실존을 찾기 위한 두 번째 문은 [고귀한 정신]이다. 이는 사람을 목적한다. 우리는 고귀한 것에 대하여 잘 알고 있는가. 우리는 고귀한가. 저 붉게 물든 가을 산보다 우리가 더 고귀하다고 말할 수 있는가.

인간 최고의 권력 상태는 자신의 사유와 삶으로부터 절대 진리를 창조하는 것이다. 진리는 모든 개별 사유로부터 독립적으로 참인 사실을 말한다. 이 진리 창조자가 바로 우리 모두를 이끄는 주역이다. 이 최고 권력 상태는 그에 의해 창조된 진리로부터 모든 인간 일반 삶을 변화시키고, 그 변화된 삶에서 그들 모두 개별 창조 세계를 구축하도록 이끌어 주는 인간 최고 상태이다. 그러나 이와 같은 진정한 의미의 [힘에의 의지]는 극도로 제한받고 있다. 누가 이에 도달할 수 있겠는가.

- 진리는 창조하는 것이 아니라 발견하는 것이다. 진리 창조는 진리를 발견하고, 우리 삶 속에서 그것을 행동으로 실천하는 과정이다.

산 아래 작은 광장에서

실존은 준 권력 상태에서 스스로 희생되고 있는 사람들에게 오류를 인식할 힘을 부여한다. 실존은 오류 세계 속에서 자신을 찾지 못하고 있는, 권력의 아류를 좇는 사람들을, 그들 본래 고귀한 세계로 복원시킨다. 우리, 마취된 세계에서 깨어 있는 자들은 다시 힘을 모아, 자신의 세계로부터 진리를 발견하고 행(行)할 수 있는 고귀한 힘을 길러야 한다. 모든 진리는 우리 존재 속, 삶과 사유 세계 속에 있기 때문에, 다시 힘을 기르고자 하는 자는 항상 자신에게 깊이 침잠해야 할 것이다.

28. 박식한 학자들의 어리석음

우리는 이름을 알 수 없는 새들 지저귐과 함께하고 있다.

[어떤 지식이 우리에게 중요한 도움이 될 것인가.]

너무 많은 것을 안다. 이 시대 학자들은 너무 많은 것을 알기 때문에 대부분 실패한다. 그들은 자신의 박식함을 자랑하기 위해 책을 쓰며, 자신의 글을 이해하지 못할 때 일종의 쾌감을 느낀다. 그들은 깊은 인식하려 하지 않기 때문에 사실, 대부분 그럴만한 능력도 없다. 그들의 기억력에 의존하거나, 책장 가득한 책들 도움 없이는 한마디 말도 하지 못한다.

우리 학자 대부분, 기억력 도움 없이 이야기를 이어가지 못한다. 그들은 이를 위해 평생 고난의 연속이다. 그러나 민중은 어떤 지식도 기억하려는 노력 없이, 자연스럽게 이야기하는 사람 말에 귀 기울인다. 너무 많이 공부할 필요 없다.

박식한 자들의 또 다른 공통점은 자유분방한 것 같은 태도를 보여, 사물에 대한 깊은 인식에 도달한듯한 모습을 가장한다는 것이다. 그렇지 않고서는 자신의 실제적 무지(無智)를 감추지 못하기 때문이다. 그들은 사물의 본질에 대한 질문에 하나같이 비슷한 답으로 일관할 것이다. 소크라테스 생각, 플라톤 생각, 스피노자 생각, 칸트 생각은 무엇이라고. 자기 생각은 없다. 너무 많은 지식으로 자신의 것을 생각할 시간이 없기 때문이다. 이들은 그 해박한 지식 통합에 결국은 실패하게 될 것이며, 너무 많은 것을 알려는 노력은 결국 자신을 무너뜨릴 것이다.

- 과다한 지식은 그것을 소유할 능력이 없는 자들에게는 독으로 작용한다. 과다한 지식은 겸손을 갉아먹어, 진리의 길에 울타리를 높게 세운다.

- 우리에게 중요한 지식은 사람을 목적하는, 평등적 자유를 인식하게 해주는 것이다.

- 겸손치 않으면 지나가는 가을바람도 그를 외면할 것이다.

29. 집합적 지식의 위험성

[과다한 집합적 지식으로부터 가치 있는 통합 지식으로의 전환은 어떻게 이루어지는가.]

[가치 있는 통합 사상은 사고하는 존재자의 절대적 통일의 결과로만 성취된다.] 이는 통합이 불가능한 집합적 지식의 위험성을 경고하는 한 철학자 칸트(Immanuel Kant) 의 말이다. 지식이 집합적으로 되면 우리는 더 이상 지식으로부터 진리를 이끌어내지 못하는데, 그것은 그 넘칠듯한 지식을 유지하고 기억해내기 위해, 자신의 모든 시간을 허비해야 하기 때문이다.

진정한 학문의 길에 들어선 젊은 학자나 새롭게 학문을 시작하려는 자는 모두, 자신만의 절대적 통일 공간을 구성해야 한다. 절대적 통일 공간은 새로운 타자(他者)의 지식과 접하게 되면, 자신의 공간에 새로운 지식을 흡수하여, 자신의 [통합 공간]을 새롭게 구성시킨다. 이렇게 시간에 독립적인 가치 있고 고귀한 지식을 가지려면 서둘러 자신의 통합 사유 공간을 준비해야 한다. 이는 지식 집합화를 피하는 유일한 방법이기 때문이다.

이는 외부 집합적 지식의 완전 자기화를 의미한다. 자신과 다른 새로운 지식을 접할 때, 그것이 자기 사유에 자연스럽게 흡수되지 않는다면, 자신의 절대 사유 공간이 아직 구성되지 않은 것으로 생각하면 된다. 이는 타자(他者)와의 대립과 다툼이 어디에서 기원하고, 무엇을 의미하는지 짐작하게 한다.

- 사람을 목적하는 철학은 타자(他者)와의 대립을 처음부터 발생하지 않게 한다. 타자의 생각을 자기화하기 때문이다. 이렇게 철학이 사람을 목적하기 위해서는 타자의 사유를 포괄하는 [통합공간] 구성이 필요하다.

30. 존경하는 학자, 교육자들의 맹신

[지식인은 많으나, 왜 존경할만한 자가 많지 않은가.] 우리는 지식을 경계한다.

- 안다는 것이 대상(對象)과 그 특성을 연결할 수 있는 능력으로 그 의미가 전도되었다.

대상으로부터 그 본질을 인식하는 것이 아니라, 대상으로부터 그 특성만을 인식함으로써는, 정확한 대상 실체를 파악하지 못한다. 대상의 부분적 특성으로 본질을 파악함으로써, 그 대상은 그 본질이 왜곡되기 때문이다. 이처럼, 부분적 지식화는 지식을 단순 집합화하는 운명을 피할 수 없게 할 것이다. 부분적 지식은 그 본질이 결여되었기 때문에, 통합화의 과정을 겪지 못하게 되고, 단순 나열을 통한 방대한 사실 집합체로서 학문화되어 버린다.

- 학자 연(然)하는 자들과의 교제는 진리를 탐구하는 자들의 취향에는 잘 어울리지 않는 법이다. 그들은 지루하다.

그들은 그들끼리 어울리도록 내버려두는 것이 좋다. 가끔 그들은 자신의 지식을 자랑하는 모습으로부터 인간의 가장 천박한 모습을 드러낸다. 이것이 우리 일부 학자들에게서 거부감이 느껴지는 이유이다. 우리 학자 연(然)하는 자들의 또 다른 특징은 자기 학문에 대한 맹신이다. 자신 나름대로 논리를 가지고 자기 학문에 의미를 부여하고, 그 의미를 성역화하여 자기 지식을 미화시킨다. 그러나 지식 집합체가 우리 인간 삶에 주는 의미는 기억력을 향상시키는 것 말고는 별로 없다.

학자 연(然)하는 자에게 존경할만한 것은 그의 기억력뿐이다.

우리는 학자 연(然)하는 자들의 맹신을 깨트린다. 그리고 철저하게 대상의 본질을 통합 사유한다. 학문의 허구성을 밝히며, 지식 책더미 속에 묻혀, 자기 삶을 허비하고 파괴하지 않도록 주의한다. 사람들로부터 존경을 받으려면 그들을 위한 철학에 자신의 생을 걸어야 한다.

진리를 탐구하고자 하는 자가 읽어야 할 책은 그렇게 많지 않다. 타자(他者)에게 함부로 책을 권하지 않는 것이 좋다.

31. 사람들과의 관계

[사람들과 관계 속에서도, 우리 삶의 고귀함이 존재하는가. 그 관계가 우리 즐거움의 근원이지만, 또한 고통스러움의 근원은 아닌가. 소나무 향기와 같이 짙지만, 전혀 보이지 않고 공기처럼 가벼운 관계가 우리 삶에서 가능할 것인가.]

사람과의 관계에 능숙한 것처럼 보이는 자가 사람들로부터 삶의 표본으로 오인되고 있다. 그의 화술은 유머로 포장되어 사람들을 즐겁게 하고, 피곤함에 지친 자들을 달래주는 것처럼 느껴진다. 하지만 인간 내면에서 우러나오는 명랑한 목소리의 부드러운 미풍 속에 자신을 맡겨본 사람들은, 이들 습기 가득한 쓸모없는 말의 반복에 고개를 돌릴 수밖에 없다.

- 다른 사람에게 정신이 팔린 사람은 자신을 잘 볼 수 없다. 일반적으로 사람들과의 진정한 관계 근원이 자신과 실존 [나]와의 관계라는 것을 알기 위해 너무 많은 시간이 필요하다.

- 사람들과의 관계는 중요하다. 하지만 그것을 너무 중시하면, 얻는 것보다 잃는 것이 더 많아진다.

산 아래 작은 광장에서

다른 사람에게 너무 많은 것을 기대하지 않는 것이 좋다. 그들은 타자(他者)일 뿐이다. 잊지 말 일이다. 결국, 고귀함은 사람들(他者)과의 관계가 아니라, 나와 실존 [나]와의 관계 속에 깊이 숨어 있다. 실존적 존재 [나]는 타자(他者)를 포함한다.

교제술에 능숙하려면 자신에게 나태해지지 않을 수 없다. 그래서 진리 탐구자는 일반적으로 사람과의 관계에 힘쓰는 자에게 눈길을 잘 주지 않는다. 자신과 잘 맞지 않기 때문이다.

사람을 목적하다

32. 가장 심각한 나태함

[한가롭고 편안한 삶과 나태함의 차이는 무엇인가.]

우리 모든 역사 속에서 그래도 변치 않는 것이 있다면, 그것은 절대로 나태한 자와는 상대하지 말라는 철학자의 권고이다. 그리고 특히 심각한 나태함은 자신의 미숙한 어리석음을 극복하려 하지 않는 나태함이다. 그들은 본능적 나태함으로 어리석음에서 벗어나려는 시도를 쉽게 포기한다. 우리는 나태한 자들에게 연민을 보낼 여유가 없다. 이 세상에는 교육하고 보살펴야 할 사람들이 너무 많기 때문이다.

- 지금 어리석음은 크게 중요하지 않다. 부지런해진다면, 3년 후 이 세상에서 가장 지혜로운 자가 되어있을 것이다.

- 한가롭고 편안한 삶이 목표라면 나태한 것이다.

우리, 혹시 편안한 삶을 목표로 생각하지 않는가. 다른 의견이 있을 수 있지만, 편안함을 삶의 목표에서 지우는데 반대하지

산 아래 작은 광장에서

않는다. 나태함은 말할 것도 없다.

삶에 편안함이 깃들게 하지 말라. 편안함은 마음으로 충분하다.

사람을 목격하다

33. 절대적 강자, 삶의 인도자

[우리 교육은 누가 가르칠 수 있고, 무엇을 가르쳐야 하는가.]

주변 사람들로부터 호평을 받으려면 우선, 자신을 조금 어리석게 비하하는 방법 이외에는 다른 방법이 별로 없다. 사람들은 자신보다 우월한 자들을 철저히 고립시키기 때문이다. 사람들과 교제에 능숙해지려면, 우리는 자신을 비하, 평범함 이하의 사고를 해야 한다.

자신의 사유 영역을 뛰어넘는 자를 만나면, 사람들은 그들을 고립시킨다는 것을 인지한 우리들은 이제 선택해야 한다. 그들로부터 환호받는 사람들 무리 속에 파묻힐 것인가, 그들에게서 벗어나 고립된 삶 속에서 자신을 독립시키고 고양(高揚)시킬 것인가. 여기서 대부분 사람은 자기 힘에 회의를 느끼게 된다. 이 회의감은 우리를 사람들 무리 속으로 밀어 넣는다. 그렇지 않으면 다수 삶 속에서 주어져 있는 많은 것을 희생해야 하기 때문이다.

누군가를 교육하려면 그들을 압도하는 뛰어남이 필요하다. 사람들은 이들을 좋아하지 않는다. 교육자가 적은 이유이다.

산 아래 작은 광장에서

그러나 이런 사람들 속에서 비록 소수이기는 하지만 절대적 강자가 존재한다. 이 절대적 강자는 우리 삶을 그리고 사람들을 이끌어간다. 지금까지 역사도 그랬으며 미래 모든 역사 속에서도 그럴 것이다. 이 소수 절대적 강자는 사람들 삶의 뿌리로써, 그들에게 삶을 가치 있는 것으로 인식하도록 이끌 것이다.

그들은 누구이고 그 역할은 무엇인가. 이 삶의 인도자는 세상 대부분 사상을 공부하고 인지해야 하고, 그로부터 우리 인간 일반을 위한 미래 철학을 제시해야 한다. 이를 위해 끊임없는 사상 탐구, 그리고 자신과 일반 삶에 대한 탐구를 게을리해서는 안 된다. 이 절대적 강자는 사람들을 교육하고 인도해 주어야 하며, 사람들로부터 인지되지 않더라도 조용히 이 사명을 수행해야 한다. 우리 인간 일반을 이끌어야 하는 이들의 역할은 실패로 끝나서는 안 되며, 이는 인류가 존속하기 위한 필요조건이다.

아침 바람은 보이지 않게 우리에게 다가온다. 바람은 우리가 여기 있다는 것을 알려준다. 그는 지금 계절을 알려 주고 또 나무들 향기도 몰고 온다.

사람을 목적하다

진정한 교육자, 인도자는 우리가 경험하는 모든 상황에서 우리가 취해야 하는 삶의 방식을 결정해 준다. 물론 이 결정을 모든 인간 일반이 따를 필요는 없다. 그리고 그들은 총체적 삶의 방향을 인도하여 우리 삶이 역류하는 것을 막는다.

건장한 체격, 타고난 용맹성, 약자에 대한 보호 본능을 가진 자들은 오랜 시간 동안 자신의 동족을 맹수로부터 그리고 기아로부터 지켜 왔다. 그들이 지킨 것은 다수의 약자이다. 어떻게든 살아갈 수 있는 명석한 중간자들은 항상 그들에게 비판적이다. 약자들을 이용할 수 없게 하기 때문이다. 그렇지 않다면 그들은 그 명석함으로 약자를 이용했을 것이다. 그런데 이제, 이 약자의 삶을 지키는 고귀한 역할을 누가 할 것인가. 우리는 약자, 그들의 평등한 자유를 목적한다.

34. 자아 상실자

[누가 파괴된 자아를 가졌는가, 누가 고귀함을 가졌는가.]

파괴된 자아를 가지고 살아가는 사람들의 특징 중 하나는 자기 보존을 위한 변장술이다. 그들은 자신이 무엇을 위해 살아가는지 혼란스럽기 때문에, 자신이 지금 무엇을 의지(意志)하고 있는지 정확히 인지할 능력이 없다. 그들이 생각하고 있는 것은 주위의 변화에 순응하여 자신을 빠르게 변화시킴으로써 완전한 동화를 이루려는 생각으로 가득 차 있을 뿐이다. 그들은 교묘한 변장술로써 사람들과 동일한 것에 안심하고, 이것이야말로 삶의 지혜로움인 것으로 확신한다.

동질성에의 추구, 군중 속으로의 파묻힘은, 잘 알려진 바와 같이 들소가 무리 속에서 사나운 맹수의 먹이로 선택되지 않을 것처럼 느끼는 수동적 [안도감]과 같다.

이 자아 상실자들은 자신의 부류가 다수인 것에 매우 만족하며, 좀 더 많은 자를 자기 무리로 끌어들이려 모든 노력을 기울인다. 이는 자신의 안전과 관련되기 때문이다. 그러므로 그들은 자신의 무리와 다른 자들은 결코 용서하지 못하겠다는듯한 태도를 보인다.

자아 상실자들은 겉으로는 누군가의 다름을 인정하지만, 속으로는 어떻게 동화시킬지를 궁리한다. 그들의 가장 큰 특징은 자존심이 세다는 것이다.

이들 자아 상실자들로부터 자신을 지키려는 자는, 준비가 안 되어 있다면, 일정 기간 그들을 떠나 있는 방법을 택하는 것이 현명하다. 상처 입은 사자가 다수의 하이에나를 피하듯이. 하지만 힘이 회복되면, 평원은 결국 사자들 것이다. 준비 되지 않았다면, 고승(高僧)이 혜능(慧能), 조계(曹溪)에서 15년간 몸을 피하다. 몸을 피하듯이, 우선 자신의 힘을 축적하는 것이 우선이다.

자아 상실자는 자기를 목적하고, 고귀한 자는 타자(他者)를 목적한다.

35. 자신의 진정한 독립과 통일자

우리는 사유한다. 우리 인간이 그렇게 강한 동질화 본능을 가지고 있는가.

[철학이 오랫동안 정체하는 이유는 무엇인가. 철학이 가지는 문제는 무엇인가.]

자신의 존재가 무엇으로 구성되어 있는지에 대하여 깊이 사유하기 시작하면, 자기 존재가 여러 개의 실체로 분리되어 있음을 인식할 수 있다. 존재하는 [나$_{\text{존재}}$]와 의지하는 [나$_{\text{의지}}$] 그리고 인식하는 [나$_{\text{인식}}$]이다. 존재 · 의지 · 인식으로 분리된 [나]는 이것을 통일시키는 어떤 힘에 의해, 통합된 나를 유지해 나가며, 이를 수행하는 것이 [통일자(統一者)]이다. 이 [통일자]는 인간 무한적 사유 공간을 제한시키며, 그 작용을 통해, 우리 개별 사유를 일정한 사유 공간 내에 위치시키며, 이로써 개별 개인을 특징 지운다.

인간 일반이 일반적으로 [나]라고 사유하는 것이 바로 이 [통일자]이며, 서로 다른 각 인간 일반을 구성한다. [통일자]는 인간의 사유 공간을 제한시키며, 자신의 사유 공간 중 최소 공간을 자기 사유 공간으로 강제한다. 즉 자기 의지 공간을 초월하는 인식 공간은 의지에 의해 저항되며, 자기 인식 공간을 초월하는 의지 공간은 인식에 의해 저항된다. 우리는 자기 사유 공간 확대 노력이 없는 한, 이 [통일자]에 의해 제한된 사유 공간을 지속하며, 시간에 따라 그 공간 축소가 불가피하다.

우리 각 인간 일반은 [통일자]의 작용에 의해 거의 유사한 사유 공간을 가질 수밖에 없다. 비록 일시적으로 상대적 우월 사유 공간을 소유하게 되더라도, 끊임없는 사유 작용이 수행되지 않는 한 그 공간은 다시 축소, 보편 사유 공간화 운명을 피할 수 없다. 이는 나아가지 않으면 떠밀리는 급류 속, 물고기와 같다.

이와 같은 사유 공간 축소 경향으로, 우리는 자기 사유 영역 증대를 위해, 이 [통일자]의 저항을 극복해야 한다. 이를 위해서, 우리 각 사유 공간 일차원적 증대로서는 불가능하며, 모든 사유 공간 [총체적, 공간적 증대]를 통해서만 극복 가능하다. 사유 공간은 [통합사유철학강의]有情, 김주호, 2014 에서 기술되는 바와 같이, 존재 · 의지 · 인식을 기초로 구성되는 3차원 사유 공간을 말한다.

[통일자]는 우리를 동질화시키며, 우리의 이탈을 막는다. 그러므로 사람을 목적하는 고귀한 뜻을 가진 자들은 동질화의 억압으로부터 자신을 의지를 철저히 보호해야 한다.

사람을 목적하다

우리는 이 사유 공간 축소 현상을 어떻게 극복할 것인가. 우선 존재 · 의지 · 인식하는 [나$_{\text{존재 · 의지 · 인식}}$]에 대한 끊임없는 탐구를 통해, 사유 공간 속 [개별 통일자]를 증대시킬 것을 도모한다. 그리고 타자(他者) 다수의 보편 사유, [보편 통일자]마저 통합할 것을 기대한다.

철학은 사람을 위한 학문이다. 자신이 무슨 일을 하든, 철학을 공부하지 않으면, 인간 고귀함을 향한 투쟁 의지가 사라진다. 이는 모두를 보편화하여, 권력에 결박당한 채 끌려가는 자포자기적이고 무력한 가축 같은 운명에서 벗어날 수 없게 한다.

36. 고귀한 자의 특징

[고귀한 자의 특징은 무엇인가. 우리 삶은 고귀함을 추구하고 있는가.]

우리 자신을 시험을 할 필요는 없다. 우리는 한 순간 고귀해지며, 한 순간 고귀함을 잃는다. 우리는 모두 이미 고귀함을 가지고 있다. 알지 못한 채 자신의 주머니 속에서 숨어있는 그 고귀함을 발견하고 행하면 된다.

고귀한 자와 그렇지 않은 자들의 구분은 힘에 대한 수용 태도의 차이에서 느껴진다. 이 수용을 우리는 [반자아적(反自我的) 수용]이라고 정의한다. 사람마다, 힘에 대한 적극적 수용과 힘에 대한 거부감으로 반자아적 수용 방법에서 차이를 나타낸다. 힘의 근원적 요소는 모든 사물을 자신의 영역 안에서 조화롭게 배열시킬 수 있는 능력으로 나타난다. 이렇게 힘은 반자아적 수용 · 통합 능력으로 정의된다.

우리 인간 일반은 보통, 자신이 외부 힘으로부터 독립적으로 존재하지 못하기 때문에, 자신만의 통합 능력을 갖추지 못한다. 이로써 사람들은 자신 이외의 모든 힘을 부정하거나, 새로운 힘을 수용하려 하지 않게 된다. 이때 사람들은 통합적 조화자의 출현과 그들의 새로운 힘의 세계에 두려움을 느낀다.

고귀한 자의 특징은 사람들의 생각을 통합하여, 그들의 생각을 자기화하는 것이다. 이는 사람들 생각 통합을 통해, 인간 일반이 실제로 원하고 또 가야 하는 길을 제시하기 위함이다.

우리가 실제로 타자(他者)의 생각과 태도 그리고 공격에 대하여 어떻게 반응하는가 생각해 보자. 과연 우리는 그들을 수용하는가. 사실, 수용할 생각이 없지 않은가. 이는 보편적 인간 일반의 수용 태도이다. 이처럼, 만일 자신의 상태가 크게 다르지 않다면, 자신의 통합사유공간이 아직 미약하다는 것을 인지하고, 더욱 실존 [나] 속으로 침잠하여, 사유 공간을 확장해야 할 것이다. 그리고 조금 더 나아가려면, 자신의 것으로 생각하는 것을 과감히 그리고 단번에 포기해야 한다. [반자아적 수용과 통합]을 위하여. 고귀함을 위하여.

37. 강자들의 고귀한 사명

[나와 타자(他者)들로 복합적으로 구성된 삶은 복잡하고 난해하다. 누가 옳고 누가 그르며, 어느 것이 선이고 어느 것이 악인지 어떻게 결정할 것인가.]

나와 타자(他者)가 구성하는 삶의 요소들을 조화롭게 통합하여, 자신의 마음(사유 영역) 속에서 삶의 질서를 구성하도록, [생각을 재배치]하려는 의지를 가지는 것은, 정신적 강자의 기본 요소이다. 인간 일반 삶을 행복하게 하기 위해, 이들은 자기 생각과 타자(他者) 생각을 끊임없이 종합하고, 새로운 통합을 준비, 답을 제시한다.

강자는 자신이 이룩한 새로운 길에 대립하는 또 다른 사유 체계가 자신에게 부각되면, 이 대립되는 사유를 자기 생각에 조화롭게 통합하는 작용을 다시 시작한다. 새로운 사유 체계가 지금까지의 자기 생각과 완전히 대립할 경우에도, 그것이 옳다고 판단된다면 지금까지 가져온 거의 모든 자기 사유를 포기하고, 새롭게 통합된 사유의 길로 그 방향을 돌린다.

- 나를 버리는 것은 고정된 자기주장을 버리는 것이다. 그렇지 않으면 다른 사람들과 싸워야 한다. 세상은 모두 적군뿐이고 모두 상대하여 항복시켜야 한다.

- 자신을 버리지 않고서는 완전한 통합은 불가능하다. 자기주장을 버리지 않는 것은 사람들의 자유와 평등을 위해 투쟁할 때뿐이다.

아마 이는 인간 일반의 경우, 오랫동안 자신을 단련하지 않는다면, 거의 불가능한 일이다. 자기애와 오만 때문이다. 강자의 고귀함은 겸손과 타자(他者)에 대한 수용을 기본으로 한다.

자신의 사유 체계(공간)와 대립하는 새로운 사유 체계와의 만남은 중요한 선택 순간이다. 서로 다른 사유들이 통합될 때 진리에 좀 더 접근한다. 통합 과정은 우리 생각을 포괄적으로 조화롭게 하려는 초인적 의지와 자기 사유 체계를 한순간 포기할 수 있는 용기가 필요하다. [통합에의 의지]는 죽음의 순간까지 잊지 말아야 할 고귀함의 중요 표식이다.

[우리 삶의 구성원 모두를 여기까지 이끌어온 고귀한 가치는 무엇인가.]

우리 제 1 가치는 인류 최대 다수에게 최대 자유를 부여하려는 의지이다. 이것이 잊어서는 안 되는 강자의 고귀한 사명이다. 이 사명은 분명히 이를 완수하려는 통합에의 의지를 가진 고귀한 자들에 의해 지속될 것이다.

약자는 자신에게 다가오는 대립하는 사상을 수용할 수 있는 능력이 없는 경우가 대부분이다. 그는 자신의 자유만을 생각한다. 그는 지금까지 자기 사유를 정리하여 암기하는 데에는 어느 정도 성공했을지는 모르지만, 이에 대립하는 생각을 만났을 때, 그것을 자신의 사유 체계와 통합시킬 수 있는 능력이 부족하다. 나이가 들고 경험이 쌓여 갈수록, 우리는 타자(他者)의 사유를 통합시키려는 의지가 더욱 분열되고, 이로써 철저하게 자기 사유 세계와 대립하는 생각을 배척한다. 이로써 그들은 타인의 삶에 대하여 관심을 끊는다.

사유를 통합시킬 수 있는 능력이 없는 [약자]와 통합의 힘이 있는 [강자]와의 만남은 약자를 더욱 약하게, 강자를 더욱 강하게 만든다. 외면적으로 항상 약자가 승리하고 있는 것처럼 보이기도 하지만, 실제로 이들 약자는 새로운 사상과의 대립을 통합할 능력이 없기 때문에, 강자를 만나게 되면 자신의 사유의 편협함과 자신의 사유가 그들에게 흡수됨을 인식하고, 그에 대한 두려움을 떨쳐버릴 수 없다. 약자가 강자를 싫어하는 이유이다.

무엇을 할 것인가. 자신을 강한 자로 변화시키기 위해서는 [자신의 모든 사유 체계를 포기]하는 과정이 먼저 수행되어야 한다. 지금까지의 자신을 파괴하는 것이다. 이 파괴 과정이 완료되면, 비로소 통합화 과정을 시작할 수 있다. 이 과정은 자신을 인도해 주는 철학자와 교육자를 필요로 할지도 모른다. 그러나 그들이 사유 통합을 완성해 주지는 않는다. 자신의 사유 체계를 통합할 수 있는 자는 물론, 자신뿐이다.

38. 고귀한 자와의 만남

[고귀한 자는 어떤 모습을 보이는가. 우리는 그들을 어디에서 볼 수 있고, 어떻게 구분할 수 있는가.]

자아의 발견을 도와주는 고귀한 자와의 만남은 인간의 가장 흥분된 경험이다. 그는 인간의 내면 깊숙이 숨어 있는 자아(自我)가 자신에게 발견되는 것을 도와준다. 이들은 자기 자신 속 자아를 들추어낼 때 느끼는 어색함과 부조화를 자연스럽게 느끼도록 도와주며, 자아 발견자가 두려워하는 [자기 분열] 현상도 막아준다. [자기 분열]은 지금까지 [나]라고 생각했던 것과 실제 [나]와의 차(差)에 의해 겪는 혼돈 현상이다.

실존 [나]는 무엇인가. 물속에 있는 달을 건지면 손가락 사이로 빠져 나간다. [나]는 잡히지 않는 것인가. 우리는 산을 내려가기 전에 실존 [나]를 찾을 수 있을 것인가.

우리는 대부분 자기 자아 상태와는 상반된 사고와 행동에 대하여, 마치 자기 본질인 것처럼 느끼며 행동하는데, 이는 사회적, 도덕적 마취 상태에 기인한다. 이 마취 상태는 인간의 오랜 역사로부터 부여받은 고귀한 근원적 본성을 파괴하며, 마취된 도덕 추종자로 삶을 마치도록 강요한다.

산 아래 작은 광장에서

고귀한 자는 도덕적 마취 상태에서 자유로운 모습을 보임으로써 타자(他者)에게 눈부신 섬광처럼 다가오며, 따뜻하고 편안한 모습으로 그 자연스러움을 드러낸다. 그는 어떤 것도 강요치 않으며 또한 그는 아무것도 주장하지 않는다. 그는 가슴 속 맑은 호흡을 내뿜어 공기를 정화하며, 자기 몸짓을 드러내려 노력하지 않는다. 그의 표정 · 몸짓 · 호흡 속에서, 우리는 마취 상태를 벗어나 신선한 공기를 마실 수 있다.

산길을 오르자 이제 나무들 속 터널이다. 바람은 나무 향기를 품고 있다. 가을 향기이다. 이 산속에 우리가 찾는 향기로운 비밀이 분명 숨어 있을 것이다.

고귀한 자, 그를 보면 그의 응시, 몸짓, 말, 표정과 얼굴에서 침착함을 볼 수 있다. 그는 타고난 섬세함으로, 모든 이의 눈길을 읽을 수 있을 것처럼 느껴진다. 그의 몸짓 하나하나는 우리에게 힘을 주며, 그들을 보고 있는 것만으로도 삶의 충일감(充溢感)을 맛본다. 그는 아무것도 모르는 순박한 자도 아니며, 도회지의 세련된 청년도 아니다. 그를 만날 수 있는 곳은 한적한 오솔길에서, 그리고 사람 많은 도회지 광장에서, 상상 못 할 정적이 흐를 때이다. 그는 흐트러짐 없는 걸음걸이로 눈가에는 기쁨과 비애가 오가고, 눈동자는 모든 사물을 하나도 놓치지 않으려는 듯한 모습을 보인다. 우리는 그를 놓쳐서는 안 된다.

고귀한 자, 그는 쉽게 발견되지 않을 것이다. 그리고 아마도 그는 우리 자신 외에서는 찾기 어려울 것이다.

39. 권력에의 의지로부터의 자유

[인간에게 절대 권력은 필요한가.]

고귀한 자는 모든 사물과 사유 체계에 대한 자유정신 소유자이다. 그에게는 모든 순간이 자유롭다. 그에게는 억압이 없으며 억압되는 모든 것을 의지(意志)하지 않는다. 그가 의지하는 모든 것은 자유로움을 잃지 않는다. 그는 도덕을 초월한다. 즉 도덕이 목적하는 바는 이미 그의 목표가 아니다. 최소한의 사회 권력이 도덕이다. 그는 그것마저 부정한다.

우리 모두가 권력자, 재력가의 노예로서 선하게 살다가 삶을 마치는 것으로, 이대로 만족할 수는 없지 않는가. 우리는 자신을 실존으로써 인식하고, 현상의 본질을 탐구하여, 삶이 힘으로 충만하도록, 스스로를 이끌어야 한다. 그러므로 우리 고귀한 자는 자유로워야 한다. 그리고 자유롭도록 노력하고 또 투쟁해야 한다. 자유롭지 못한 자가 사람들을 이끌 수는 없다.

항상 자유로울 수 있도록, 노력하고 투쟁하는 자(者)만이 고귀한 자이다.

그러나 우리 인간 일반은 자유에 익숙하지 않다. 우리는 항상 자유로움이 자신 앞에 있다는 것을 견디지 못한다. 왜냐하면, 자유의 본질인 [선택]에 억압받기 때문이다. 선택해야 하는 부자유는 인간 일반에게 자유를 부정하는 오류를 범하게 한다.

고귀한 정신은 이 오류로부터 인간을 깨어나게 할 것이다. 선택의 부자유는 [의미 없고 과도한 구(求)함과 권력에의 의지]에 기인한다. 자기 삶과 사유 체계 속에서, 자신을 억압하고 말살하는, 돌이킬 수 없는 과도한 구(求)함의 검은 그림자를 파괴하면, 조금은 [살아감]의 향기가 느껴질지도 모른다.

40. 미(美)의 근원

고귀함의 특징은 사유 통합, 진리 창조, 성실함, 용기 있음, 타자 수용, 욕구 절제, 인간 일반 최대 자유 부여, 자유로움과 그를 향한 투쟁이다. 우리는 존재론적 아름다움에 대하여 사유한다.

[존재 아름다움의 근원은 무엇인가.]

고양된 힘으로 자신의 힘을 분출하지 않을 수 없는 [충일감] 자기 힘으로 이 세상 삶을 변화시킬 수 있을듯한 [자신감], 모든 사람에게서 떨어져 그들을 바라볼 수 있는 [독립감], 이것이 힘의 세계 속에 사는 자들의 특권이다. 많은 시간 동안 힘을 키우며 기다려온 자에게서는 그것이 분출될 때, 그 영혼과 실존의 아름다움이 느껴진다. 아름다움은 힘과 동일 개념이다.

진정한 아름다움은 힘을 기초로 한다. 아름다움은 도덕적 그리고 인간 욕망으로 왜곡되어 힘을 빼앗겨 버렸다. 힘의 부재 속에서 아름다움은 길을 잃는다. 우리는 아름다움과 연약함을 연결하려는 시도를 부순다. 강자만 아름다울 권리를 가진다. 물론 여기서 강자는 권력자와 재력가는 절대 아니다. 아름다운 삶을 원한다면 권력과 재력은 삶의 목표에서 지금 지워 버리는 것이 좋다. 그것들은 쓸데없이 우리를 바쁘게 하기 때문이다.

- 아름다움은 존재를 표출한다. [충일감], [자신감], [독립감]을 가진 자는 아름다움을 성취함과 동시에, 자신과 사람을 목적하는 실존을 성취한다.

사람을 목적하다.

암기하려면 철학은 공부하지 말라. 우스운 생각의 소유자가 될 뿐이다.

Ⅲ장. 존재를 보다

향나무로 사자와 여우를 조각해도
그 향은 다르지 않다.

제 3의 탄생을 위하여

세상을 선택하다

선택받은 소수가 되려고 너무 애쓰려 하지 않는 것이 좋다. 선택받은 소수는 말 그대로 소수라서 이루기 어렵고, 오래 지속할 수도 없다. 선택받는 소수가 되려는 노력을, 선택하는 자가 되려는 노력으로 전환하는 편이 삶에 도움이 된다.

41. 이상의 세계

조용한 작은 절이다. 바람에 풍경(風磬) 소리가 흔들리고, 주변이 청결하다. 해는 따뜻하고, 바람도 아침보다 따뜻하다. 올라온 길이 눈 아래 보이고, 회양목과 주목이 이곳을 바람으로부터 막아주는듯싶다. 나뭇잎 뒤 햇빛과 바람으로 흔들리는 나무는 자신의 그림자 만들어, 절 마당을 깨끗이 비질하고 있다.

[지금 무엇이 잘못되고 있는가. 그리고 우리 이상(理想) 세계는 어디에 있는가.]

인류 역사를 통해 이상(理想) 세계는 도덕적인 것, 정의로운 것에 집중되어 왔다. 그러나 우리가 도덕적이고 정의로운 삶으로부터, 삶의 의미를 찾을 수 있다고 생각하는 것은 유쾌한 오해이다.

우리가 삶을 느낄 수 있는 것은 우주에서 일정한 역할을 하고 있는 [작용자(作用者)]로서 자신을 발견할 때이다. [작용자]로서의 탄생은 우주와 자신의 본질을 고찰하고, 그로부터 자기 삶이 우주를 구성하는 주체임을 인식하게 됨으로써 성립된다. [작용자]가 되기 위해서는, 가능한 다수의 사상을 공부하고 인식하여, 그것을 하나의 통합된 사상으로 탄생시켜야 하는 과정이 필요하다. 이것은 주어진 삶의 틀에서 수동적으로 살아갈 것인지, 자신이 스스로 삶의 틀을 만들어 나갈 것인지의 문제이다.

우리는 타자(他者)의 철학을 공부해야 한다. 그들 생각을 암기하라는 것이 아니라, 그 시대 그가 살았던 세상, 삶의 문제와 해결책에 대한 제시 내용을 인지하고, 그 과거 철학 사상 관점으로 현재 자기 삶을 재분석하라는 것이다.

- 우리는 철학자의 책을 읽는 것이 아니라, 그의 삶을 읽어야 한다

- 암기하려면 철학은 공부하지 말라. 우스운 생각의 소유자가 될 뿐이다.

이룰 수 없을 것 같은 막대한 사유 세계와의 끝없는 투쟁은 우리를 극도로 소모시킬 것이다. 그러나 단련된 강한 인간은 이 소모된 힘을 복원시킨다. 이 소모와 복원 과정은 강한 교육자, 인도자의 피할 수 없는 삶의 여정이다.

우리 목표는 사유를 통해, 자신을 타자(他者)에게 종속된 노예가 아닌, 삶의 주인으로 재구성시키는 것이다. 이제 우리는 다수 철학자와 교육자를 필요로 한다. 그들을 사람들 교육에 몰두하게 해야 한다. 우리 삶에 힘이 넘치고, 거리 어디에서나 삶의 본질에 대하여 각자 생각이 토론되도록, 사람들을 이끌 것을 기대한다. 그리고 결국 그들은 즐거운 삶의 목표로 충만한, 우리 꿈의 세계를 실현시킬 것이다. 이것이 우리 [이상(理想) 세계]이다. 이에는 인류 문명 퇴보를 어느 정도 필요로 할지 모른다.

우리는 문명 발전을 조금 뒤로 미룬다. 조금 더 편리한 것을 찾아 너무 많은 사람이 쓸모없이 몰두한다. 이제, 그만 멈춘다.

삶의 [작용자]로서 자신을 보는 것, 실존의 조건이다.

42. 제 3의 탄생

[이상 세계 주체, 실존 [나]를 찾기 위해 필요한 것은 무엇인가.]

[나]라는 특징을 가진 육체적, 정신적 인간 탄생을 [제 2의 탄생] 루소(Jean-Jacques Rousseau), 에밀(Emile) 으로 정의한다. 이는 모든 인간이 겪는 일반 보편 현상이다.

그런데 그 후, 우리는 자기 존재를 인식함으로써 또다시 새롭게 탄생한다. 무엇이 중요한 것이며, 무엇을 위해 삶을 꾸려나가야 하는지에 대한 깊은 성찰을 가지게 될 때, 그리고 주위의 모든 것이 자유롭게 호흡하는 곳에서, 우리가 살고 있는 곳을 내려다볼 수 있게 되었을 때, 우리는 또 다른 [나]의 탄생을 경험한다. 우리는 이 탄생을 [제2의 탄생]루소에 대하여 [제3의 탄생]으로 명명한다.

우리는 변화된 [나]의 모습을 인식한 적이 있는가. 우리는 또 하나의 내 모습을 인식한 적이 있는가. 지금, 이 글을 읽고 있는 순간, 인식할 수 있겠는가.

우리가 [삶의 개별 가치]를 스스로 인식하는 것은 어느 때부터이며, 그것은 어떤 기준으로 결정되겠는가. 스스로 결정하는 [삶의 개별 가치]를 결국은 발견하지 못하고, 우리는 죽음을 맞이할 것인가.

이 같은 또 다른 제 3의 자기 존재는 모든 사람이 발견하는 것은 아니다. 절실히切 찾는 자만이 그것을 발견할 것이다. [나]를 찾기 위해 떠나라. 지금, 거칠고 험한 바람 부는 곳으로.

존재를 보기 위해서는 또 다른 [나]의 탄생이 필요하다.

43. 세가지 발견

[우리는 어떻게 [제 3의 탄생]을 이룰 수 있는가.]

제 3의 탄생은 우리 각 개인의 세 가지 발견, [개별 존재 발견], [개별 가치 발견], [사물 본질 발견]으로부터 탄생한다.

새로운 탄생을 위한 첫 번째 문은 [개별 존재 발견]이다. 이는 이미 자신을 이루고 있는 숨겨진 존재가 우연한 기회에 자신에게 발견되는 것이다. 거울 속 자신과 그 자신을 이루는 자기를 분리시켜, 자신을 사유함으로써 접근된다. [사랑을 느낄 때 나]와 [분노를 느낄 때의 나]는 분명 다르다. 그렇지만 서로 다른 그때에도 [변하지 않는 [나]]는 존재한다. 그것이 숨겨진 개별 존재 [나]이다.

자기 발견은 자신을 새로운 의미로 부각하며, [자신과 분리된 [또 하나의 자신]이 바로 옆에서 자기를 보고 있는듯한 느낌]을 갖게 한다. 나는 하나의 내가 아니며 [나]와 [나를 사유하는 또 다른 나]로서 함께 존재한다. 우리가 사유를 통해 자기 인식과 의지 그리고 존재를 통합시킨다면, 변치 않는 [나]의 모습을 확인할 수 있다. 이 과정에서 [여러 개의 자기 존재]를 [하나로 통합된 자기 존재]실존로 돌아오게 하며, 이를 통해 제 3의 탄생 첫 번째 문으로 들어서게 된다.

작은 절 돌계단에서

감각적으로도 또 다른 내가 있다. 기쁘거나, 슬픈 우리 감정 상태와 무관한 통합 존재, [나], 그것이 무슨 의미인가. 우리는 변화하는 나를 위해 모든 노력을 기울인다. 우리 삶은 즐거움을 얻기 위해, 생이 다하도록 끊임없이 소모된다. 이로부터 우리는 벗어날 수 있을 것인가. 그런데 우리가 변화하지 않는 [나]를 위해 하는 일은 무엇인가.

제3의 탄생을 위해서, 우리 삶을 구성하는 모든 [가치 재편]을 추구하고 완성해야 한다. 제3의 탄생을 성취한 자는 기존 [사회 가치] 추종자가 아니라, [개별 가치] 창조자로서 역할을 수행한다. 기존 질서 벽이 허물어지고, 그는 스스로 개별 가치를 형성시켜 나간다. 그의 개별적 모든 사유와 행동은, 우리 새로운 가치로서 작용한다. 모든 가치는 그로부터 창조되어, 사람들에게 전파한다. 이를 위해 그는 모든 가치 기준을 결정하기 위한 최선의 길을 찾아야 하며, 가치 재편에 자신을 주도적으로 작용시켜야 할 것이다.

우리는 모두 보통, 타인과 대상에 의존, 존재한다. 이때 변화하지 않는 진정한 [나]는 없다. 대상에 의존하여 존재하는 한, 개별 가치 창조는 없다. 개별 가치 창조란 실존 [나]를 위한 가치를 만드는 것이다. 실존 [나]는 인간 일반을 목적한다. 그러므로 [나]를 위한 가치는 인간 일반을 위한 가치이다. 이는 우리 모두를 자유롭게 할 잠재력을 갖는다.

존재를 보다

우리 대부분, 가치에 대한 훌륭한 비판자이다. 그러나 가치 창조자 역할은 쉽게 수행하지 못한다. 창조 없는 비판은 우리 삶을 어지럽힐 뿐이다. 가치 재편에는 가치 비판뿐 아니라 창조 능력이 함께 필요하다. 이는 젊고 새로운 세대를 가장(假裝)한 자(者)가 기존 가치 비판과 전도를 표방하지만, 새로운 가치 창조 능력이 없기 때문에, 삶을 파괴적으로 혼란 시키는 이유이다.

우리는 삶의 가치를 재편할 수 있는 능력이 필요하다. 이 능력을 어떻게 손에 넣을 수 있는가. 기존 가치를 부정하고, 새로운 가치를 제시할 수 있어야 한다. 이는 진리의 [비밀 창고 열쇠]를 발견하라는 것 아닌가. 우리는 자신을 발견, 실존 [나]에 대하여 완전하게 알게 되면, 그 완전성에 의하여 그 존재가 바로 타자(他者)를 포괄할 수 있게 된다. 이를 통해, 개별 존재 [나]로부터의 가치가 인간 일반 가치가 될 수 있다. 진리의 비밀 열쇠는 결국 [나]로 귀결된다.

제 3의 탄생을 위한 세 번째 마지막 문은 [사물 본질 발견]과 그 사유에의 절실한 의지를 갖는 것이다. 사물은 물(物)이 존재하게 된 원인과 그 물(物)이 의미하는 바를 파악함에 의해서, 그 실체가 드러난다. 이를 위해서는 사물 본질 발견을 위한 의지를 끊임없이 자신에게 요구하여, 사물 본질에 대한 인식 욕구를 자극해야 한다.

억새 풀을 느슨하게 잡으면 손이 베인다. 실존을 손에 잡고 싶다면, 절실하고 확고하게 의지(意志)해야 한다.

실존 [나]를 발견하면, 사물의 본질 진리(眞理) 도 발견할 것이다. 반대로 사물의 본질을 발견할 수 있다면, [나]를 발견하는데, 물론 도움이 될 것이다.

44. 음악과 감성

[우리 삶에서 감성의 의미는 무엇인가.]

이제 우리는 감성을 느낄 수 있는 능력을 많은 부분 상실한 상태이다. 아늑함, 포근함, 안락함이 어떤 감성 상태이며, 이 감성이 우리에게 어떻게 작용하는지 잘 알지 못한다. 외부 감성에 따른 단순 종속자의 역할을 자유로움이라고 자평(自評)하면서 만족해하고 여러 감성에 대한 깊은 통찰을 통한, 감성 종속 상태로부터 이탈을 포기하고 있다.

우리는 명랑함과 경쾌함에서 오는 삶의 부상을 잘 느끼지 못한다. 감성 종속화 풍조는 머지않아 우리가 느끼는 감성에 대한 인식 능력 상실 시대를 예고한다. 감성을 창조하는 음악가조차 장엄함 경쾌함, 우아함, 웅대함, 숭고함의 변화 모습을 깊이 인지하지 못한 채, 연주에만 몰두한다.

[음악 정신]이란 무엇인가. 음악을 통해 무엇을 얻는가. 즐거운 감정인가. 슬픔에 대한 위로인가. 평온하고 고요한 마음의 평정인가. 음악이 우리 감성을 변화시킨다는 것은 이미 우리가 그 감성을 가지고 있다는 의미가 아닌가.

- 우리는 이미 모든 것을 가지고 있다. 음악은 우리 내부 [나]를 깨운다.

- 음악은 그 시대의 감성을 대표한다. 그 시대 사람들이 좋아하는 음악은 그 시대 감성을 모두 표현한다. 자기 시대 음악도 모르면서, 수백 년 전 음악을 즐기는 어리석음을 범해서는 안 된다.

감성 사전과도 같은 음악이 주는 감성 변화 모습을, 깊이 이해하려 노력하는 모습이 잘 보이지 않고, 창조적 창작 모습 또한 잘 보이지 않는다. 인간 감성의 종속화 경향은 우리 음악 경향에서 그대로 반영되고 있다. 음악 선율이 주는 감성을 무시한 혼돈의 조합은 자유스런 표현이라는 탈을 쓰고, 감성 부조화와 더불어, 본질적 인간 감성의 무감각화, 황폐화를 야기시킨다.

외부로부터 감성적 자극이 없으면 우리는 대부분 무감각하다. 영화, 음악, 연극, 스포츠, 타인의 말, 희극의 도움 없이 감성을 창조할 수 있는가. 이제 우리 내부, 무한히 쌓여 있는 감성 보물을 쓸 때가 되었다. 우리는 존재 속, 감성을 본다.

45. 감성의 창조를 위한 조건

[창조적 감성이란 무엇인가.]

감성은 우리 인간이 인간다울 수 있는 가장 훌륭한 표현 방법이다. 감성에서 인간다움이 묻어 나온다. 시각적, 청각적, 후각적 미각적, 촉각적 자극이 사라지는 순간, 사라져 버리는 감성은 매우 일부일 뿐이다. 우리 인간성이 묻어 있는 감성은 [존재의 향기], [인식의 바람], [의지의 열기]가 절묘하게 혼합된 자신만의 인간적 감성이다. 이것이 왜 우리 감성이 존재 · 의지 · 인식으로 구성되는 사유공간으로부터 탄생하는지에 대한 이유이다.

우리는 실존적 감성을 원한다. 오감 자극적 감성은 우리를 지치게 한다. 주변을 돌아보면 이제 우리는 자극적 감성에 종속되어 버린 것 같다. 이를 교묘히 상업적으로 이용하는 사람들이 너무 많고, 우리는 그들의 먹잇감, 희생양이 되어 버렸다.

우리에게 충일감을 주는 진정한 감성은, 자신이 창조하고자 하는 삶의 양태를 충실히 표출함으로써, 사람들에게 자신의 감성을 이입하며, 또한 사람들의 감성을 이끌어 갈 것이다. 감성 창조자는 외부로부터 유입되는 느낌과 유사한 감성을 표출하는 것이 아니라 삶의 통합 사유 향기가 포함된 감성을 표출한다. 이로써 감성은 수동적인 것으로부터 지금까지 없던 능동적이고 창조적인 것으로 변화된다.

이렇게 자기화되는 감성을 [감성의 자기 창조]라 한다. 이를 통해 주변에서 떠도는 감성을 정화(淨化)할 수 있다. 감성이 창조 능력을 갖기 위해서는 중요한 조건이 있다. 우리에게 다가오는 감성에 대한 철저한 이해, 외부로부터 이입되는 감성의 자기화, 자신의 존재 · 의지 · 인식과의 조화로운 감성 표출, 그리고 인간에 대한 사랑이다. 감성 창조 능력을 가진 자는 개별화된 감성으로써 뿐 아니라 모든 인간이 지향해야 하는 감성으로 자신을 표출한다.

창조적 감성은 우리를 소모하는 자극적 감성이 아니라, 삶에 대한 동기를 유발해, 삶의 충일감을 주는 감성이다.

작은 절 돌계단에서

46. 존재 탐구의 즐거움

[존재론적 즐거움이란 무엇인가.]

자기 존재에 대한 확신.
존재 원인에 대한 확고한 신념.
타인의 사유를 자신과 통합시킬 수 있는 사유 완충성.
정오 태양과도 같은 생의 작열감.
휴일 오후 한가로움 속에서 느껴지는 주위 사물로부터의 독립감.
대타적(對他的) 존재로서 인식되는 자신에 대한 조용한 응시.
대상(對象)으로부터 자유로움.
저편 호숫가에서 걷고 있는 인간의 아름다움.
자신이 아름다움 창조자임을 깨닫는 순간 느끼는 존재감.

우리는 이 즐거움을 외면하지는 못할 것이다. 존재를 탐구하지 않을 수 없다.

지금 나에게 한 가지 일만 허락된다면, 서슴없이 내가 실존하기 위한 방법에 대해, 조용히 생각할 것이다. 그것 이외에는 별로 할 일도 없다.

존재를 보다

47. 자기 인식의 문

작은 절 옆 단풍나무는 타는듯한 붉은 빛을 드러내고 있다.

인간 일반이 즐거움을 느끼는 원인은 자기 존재를 인식함에 기원한다. 그러므로 자신의 삶을 즐겁게 전환하기 위해 인간이 할 수 있는 최선의 방법은 자기 존재를 탐구하는 것이다. 한 존재론자의 사르트르(Jean Paul Sartre), 存在와 無 저서는 존재 탐구자에게 다양한 존재를 조망케 해주는 몇 가지 유익성이 있다.

우리는 숨어 있는 자기 존재를 탐구하는 것보다 이미 드러난 자기 존재를 표출하려는 욕구가 강하다. 이는 존재 탐구를 통한 존재 인식 과정에서 오는 [자기 인식적 만족]보다는 자신 존재를 타인에게 표출함으로써 나타나는 [자기 표출적 만족]이 더 크기 때문이다. [자기 표출적 만족] 추구는 즐거움과 혼돈을 일으켜 더욱 [자기 인식적 만족]을 추방시킨다. 이제 [자기 표출적 만족]이 삶의 즐거움으로 둔갑되어, 연약한 이성(理性)에 의해 합리화되고, 더는 이론의 여지가 없는 것처럼 받아들여지고 있다.

우리 모두 자신을 드러내는 데 열중인 것은 사실이다. 그렇다. 우리도 그중 하나이다.

자기 표출을 통한 만족은 지속성이 결여된 일시적 자기만족이다. 이와 같은 자기만족 뒤에는 자기 존재와의 불일치에 의한 공허함이 수반된다. 그러므로 자기 표출을 통한 만족은 마약과도 같이 끊임없는 자기 표출을 필요로 한다. 이것이 성취되지 않는 한, 자신에 대한 불완전한 공허함이 인식되고 불안이 엄습한다. 자기 표출에 의한 불안 현상은 자기 존재 속으로, 자기 창조 즐거움 속으로 자신을 회귀시킴으로써 극복할 수 있다. 그러나 자기 표출을 통한 자기만족이 주는 강렬한 쾌락으로부터 우리는 쉽게 빠져나오기 어렵다.

자기 표출을 통한 자기만족 즐거움 은 타자(他者)와 같은 표출 대상으로부터 도움 없이는 성취 불가하다는 문제를 가지고 있다. 그러므로 표출적 자기만족에 중독된 자는 끊임없이 사람을 찾아다니며, 혼자 있는 것을 두려워한다. 그에게서 사람은 자기만족을 위한 도구일 뿐이며, 그 이상 의미가 부여되지 않는다. 이와 같은 자는 어느 순간 자기 주위에 사람이 아무도 없음을 알고, 당황해하곤 한다. 그러나 이는 다른 사람의 책임이 아니라, 바로 자신이 타자를 자기를 위한 도구화시킨 데 기인한다. 자기만족 쾌락 속에 빠진 사람은 적지 않은 기간 동안, 사람들로부터 철저히 격리됨으로써 이는 표출 대상으로부터 격리를 의미한다. 어느 정도 벗어날 수 있다.

자기 표출을 통한 자기만족은 인식화되지 않은 자기 존재가 표출되기 때문에 자기에 대한 통합성이 결여된다. 이에 따라 자기 존재는 일관성을 유지하지 못하고 표류하게 될 것이다. 주위 상황에 따라 자신은 계속 변화할 수밖에 없으며, 이로써 자기 존재에 대한 혼란이 야기된다. 이처럼 자기 존재가 혼란되면, 자기 존재 의미가 흔들리며, 이로써 자기 삶이 파괴되는듯한 상실감을 맞이할 것이다.

우리는 삶 속에서 [자기 표출적 만족]을 즐길 수는 있겠지만 그 즐거움에 중독되어서는 안 된다. 그리고 이에서 벗어나기 위한 좁은 문은 우선, 자기 존재를 보려고 시도하고, 존재 속으로 침잠하여, 자기 인식의 문으로 들어서는 것이다.

48. 인식 철학의 위험성

산과 일체화되어 있는 듯한 사찰은, 바람과 비 그리고 태양에 의해 만들어져 가고 있는, 경의를 표할만한 빛바랜 모습이다.

[철학과 현실 사이 괴리에 대하여 우리는 생각한다.]

우리 삶에서 멀어진 이야기를 하는 철학자는 믿지 않는 것이 좋다. 그는 사기꾼일 경우가 많다. 몇몇 작가의 인식론적 즐거움을 느끼게 해주는 독특한 형식은 마음을 끌리게 한다. [사람은 모임에 초대받으면, 역시 선뜻선뜻 그 건물에 들어서고 계단에 올라가지만 그 건물은 거의 눈여겨보지 않을 만큼 어딘가에 열중하고 있다.] 카프카(Franz Kafka) 사람은 분명히 그렇게밖에 행동하지 않는다. 인식 철학 위험성은 극단적인 경우, 인간에 대한 경멸감으로 발전된다는 것이다. 이는 다른 작가의 로트레아몽(Lautre-amont) 유아적 순수 인식론에서도 확인된다. 그는 자기 세계 속에 갇혀, 미로 속에서 헤매면서도, 자기 세계 밖으로 빠져나오는 것조차 포기해 버린다. 물론 유아적 인식론이 필요한 경우도 있다.

- 불완전한 인식론의 위험성은 자신이 고립되어간다는 것을 무감각하게 한다는 것이다.

이는 자기가 스스로 우월해 보이기 시작하는 인식 철학자들이 잊지 말아야 할 사항이다. 존재와 의지에 대한 사유가 결여된 인식은 삶의 실존적 공격으로부터 버틸 힘이 없다. 인식의 길고 먼 여정에서, 잠시도 쉬지 않고 우리는 자기에게서 떨어진 장소에서 자신을 볼 수 있는 능력, 즉 자기 존재를 대상화 대타존재화(對他存在化) 시킬 수 있는 능력을 잃어서는 안 된다.

실존과 멀어진 철학은 삶에서도 멀어진다. 삶과 괴리된 철학은 가치가 사라진다. 아니, 철학이 삶과 괴리되면 이미 철학이 아니다. 철학과 삶의 괴리를 느낀다면, 그 철학을 잘못 이해했거나, 만일 제대로 이해했다면 그것은 철학이 아니다.

49. 철학의 초보자

우리는 자유정신과 고귀함으로 들어서는 문을 지나 제 3의 탄생을 위한 문을 지나고 있다. **[실존 [나]의 모습이 보이는가. 우리가 또 다른 [나]를 느낀다면, 그것이 바로 [나]인가. 우리는 이제 [나]를 향한 길로 들어설 수 있을 것인가.]**

그것은 시험받는 것이 아니기 때문에, 스스로 판단할 일이다. 그러나 보통 실존 [나]를 발견하기 시작한 후, 그때부터 다시 새롭게 공부를 시작해야 한다. [나]를 발견하기 전(前)의 세상 오류와 그 흔적을 지우기 위해 시간이 필요하기 때문이다. 이는 죽음 직전까지 계속될 수도 있다. 아는 것과 그것이 자기 삶이 되는 것은 완전히 다른 이야기이다. 단지 안다고 생각하는 것으로, 자기 존재 탐구 여정을 망쳐서는 안 된다.

인식 사유 과정에 있는 철학 초보자는 삶을 응시하는데, 자기 모든 사유를 소모하기 때문에, 그 삶을 이루는 사람들에 대하여 소홀하기 쉽다. 그에게 지금 중요한 것은 삶의 의미와 가치 탐구이며, 이에서 벗어나 있는 사람들은 어느새 관심 대상에서 멀어진다. 그는 자기 인식 속에서 모든 의미를 찾으려 하기 때문에, 타자(他者)에게 관심을 가질 여유가 없으며, 삶의 의미가 자기 속에 모두 존재하는 것으로 판단하고, 자신을 철저히 고립시킨다. 이 철저한 고립은 인식 확대 과정에서 누구나 대부분 겪어야 하는 과정이며, 고립 극복을 위한 각자의 탈출구는 스스로 발견해야 한다. 이 과정에서 만일 자기 실존 발견을 경험하면, 철저한 고립은 자기 세계를 독립적으로 구성하는 기초가 될 것이다.

그러나 철저한 인식 고립 속에서 결국 빠져나오지 못하고 그 미로 속에서 영원히 헤매는 자(者) 또한 존재한다. 그는 자신 나름대로 고립적 삶의 세계를 구성하면서, 불완전한 자기 세계로 사람들에게 다가선다. 어떻게 보면 우리 주변 대부분 사람이 그렇다고 볼 수도 있다.

이와 같은 미로 속에서 벗어나, 자신 속 철저한 고립 인식의 감옥으로부터 탈출한 어느 완전한 인식자는 어느새 자신이 새로운 공간에 존재함을 발견하게 될 것이다. 그는 자신 내부도, 타인들 속에도 아닌 [제3의 위치]에 자신이 존재함을 인지한다. 그는 삶의 의미와 가치가 자신에게만 제한된 것이 아니라, 자신을 포함한 인간 일반으로 변화되어 있음을 어느 순간 인식한다. 그는 자신으로부터 철저히 탐구된 자신을 중심으로 한 모든 가치를 재구성하며, 자신이 확신했던 신념을 대부분 수정한다. 그러나 철저한 자기 인식을 완성한 인식자는 자기 인식 오류에도 즐거워하며, 통합 진리를 구성해 나가기 위해 열심이다.

- 자기 일이 명확해 지는 것이 실존 [나]를 발견한 증거이다. 그 반대도 성립한다.

- 실존 [나]를 발견하면 비로소 새로운 공부가 시작된다.

- 다른 사람들에 대한 자신의 우월감이 오랫동안 지속되면, 자신을 인식의 초보자라고 생각하면 된다.

인식 세계로부터의 고립을 극복해야 한다. 인식만으로는 삶을 유지할 수 없다. 자기 존재 세계 속으로, 그리고 자기 의지 세계 속으로 돌아와, 함께 통합해야 한다. 이것이 불가능하다면, 바람직하지는 않지만, 현재 가지고 있는 자기 생각, 그리고 철학을 모두 버리고, 그와 같은 초보적 인식 상태를 서둘러 파괴하는 것이 좋다.

우리는 인식 세계에 고립되어서는 안 된다. 물론, 존재 세계 그리고 의지 세계에도 고립되어서는 안 된다. 인식의 급격한 증대 현상은 철학을 자기 길로 생각하고 정진해 가는 철학자 대부분에게 일어나는 현상이다. 이는 공부의 정도에 따라, 자기 생애 동안, 몇 번의 경험을 할 수도 있을 것이다. 그러나 존재 · 의지와 통합된 통합 사유로써 사유 공간 증대가 아닌 한, 인식 증대 현상은 일시적인 지식 증대로 그치는 경우가 대부분이다. 자신의 기억력과 공부량을 자랑해도 비웃음거리만 될 뿐이다.

50. 미학과 아름다움

[우리는 무엇을 아름답다고 말할 수 있는가. 그 아름다움을 만드는 자는 누구인가.]

고귀한 자는 아름다움을 창조한다. 아름다움은 고귀한 자에게만 허락된 창조 특권이다.

- 아름다움을 찾아 사람들이 자신의 시간을 잃어버릴 때, 그들은 자신 속 흙과 바람으로 아름다움을 형상화한다.

고귀한 자의 관심은 숭고한 것에 국한한다. 우리 시대 한 미학자는 하르트만(Nicolai Hartmann) 미학을 이렇게 표현했다. [미학은 미를 창조하는 자나 감상하는 자의 것이 아니라, 이 양자의 행태나 자세에 의문을 품고 생각하는 자의 것이다.] 그의 생각대로 우리 예술은 미의 창조자로서 역할보다는 미학자로서 역할을 선택해 버린 것 같다. 이제 미(美)는 비평가 손에 의해 결정되는 논리 개념으로 전락할 위기에 있다.

이 위기는 창조 특권을 가진 자에 의해 극복될 수 있다. 아름다움을 창조하는 자는 미학적 세계관 창조, 감상이 아닌, 양자를 생각하는 것

작은 절 돌계단에서

을 초월한다. 진정한 미의 창조자는 미학적 대상이 되지 않는 미를 창조한다. 그는 제 3자가 관여할 수 없는 미를 창조하기 때문이다.

우리는 절대적 미에 대하여 사유한다.

진정한 미는 감상 대상이 아니라 우리 삶을 구성하는 근본 요소로 작용한다. 아름다움이 감상 대상이 되면, 이미 그 생명을 마친다. 전시회장 속, 예술 작품에서 살아있는 미를 느낄 수 없다. 이렇게 우리 삶 속에 동화된 아름다움만이 [진정한 미의 창조자]에게 관심을 부여한다. 우리는 미학자를 위한, 전시회를 위한 미가 아닌, 삶을 위한 미를 창조한다.

잃어버린 아이를 찾아 헤매다, 사람 많은 광장에서 아이를 찾았을 때, 우리는 그 마음을 설명해 주는 논리가나 해설가가 필요없다. 우리 진정한 미는 실제 삶 속에서 맞부딪혔을 때, 삶을 그렇게 변화시키는, 힘 있는 아름다움을 의미한다.

- 삶 속 아름다움은 존재를 기원으로 한다. 아름다움을 찾으려면 존재를 볼 수밖에 없다.

존재를 보다

51. 인도자의 사유 창조

나뭇잎 사이로 비추는 햇빛은 사람들의 모습을 계속 변화시킨다. 산길을 걷는 사람들 소리가 산을 더욱 깊게 만들고 있다. 물소리가 들리기 시작하고, 가을 한낮 따뜻함과 계곡 물소리는 우리 마음을 깨끗이 해주는듯한 [맑음의 관념]을 쏟아붇고 있다. 물 위에 나뭇잎이 떨어져 흐르다, 작은 타원을 그리며 돌며 작은 바위에 부딪친다. 물소리는 어디서 오는 것일까. 바위와의 부딪침인가, 물(水) 자체에서 오는 것인가. 그 소리가 계속 변화한다.

[제 3의 탄생을 위해, 우리가 실제로 해야 하는 것은 무엇인가.]

제 3의 탄생을 성취한 그는 주위 모든 개념과 사유를 자기화시켜 새롭게 창조함으로써, 단순 지식 전달자로부터 우리를 보호한다. 나태한 지식 전달자 무리 속에서 그를 구별시키는 것은, 그의 삶 주위에서 숭고함이 발견된다는 것이다. 우리는 무의식적으로 그의 목표와 행위 부근을 지향한다. 그의 삶은, 사람들을 아름다움과 가치 창조자로서 이끌어가는 데 필요한 [방향]과 [목표]를 제시하며 그 길을 따르지 않을 수 없는 매혹적인 성찰을 사람들에게 제시한다.

신(神)과 같은 무한한 힘으로 대상이 창조될 때, 모든 창조는 그 원인을 가진다. 그러므로 숭고함의 창조자로서 역할을 수행하기 위해서는 [숭고함의 기원에 대한 인식]을 게을리해서는 안 되며, 우리 전체 삶 속에서 이 [지고(至高)의 개념에 대한 탐구]를 지속시켜 나가야 한다. 숭고함은 우리 가슴 속, 중요한 사유 영역을 오랫동안 구성할 것이다.

인간의 역사가 지속되려면, 신이 창조했던 것과 크게 다르지 않은 창조가 지속되어야 한다.

인류 역사는 창조의 역사이다. 우리 인간 생존 의미는 자유와 그를 통한 창조적 삶이다. 사람들이 창조적 힘을 가질 수 있도록 그들을 인도하고 자극해야 한다. 누가 그들을 인도할 것인가. 우리 인류 역사 각 시대에 있어, 그 시대를 이끌 삶의 철학이 창조되지 않으면 가치의 양립에 의한 투쟁은 인류를 너무도 쉽게 파멸의 길로 들어서게 한다.

우리에게 지금 필요한 것은 지식과 산업의 진보에 상응하는 사람을 목적하는 [숭고함], 모든 사람이 함께하는 [평등한 자유로움] 집단적 가치로부터 벗어난 [개별적 삶의 가치 창조] 그리고 이를 위한 [통합사유철학]이다. 우리가 [제 3의 탄생]을 위하여 해야 하는 것들은 이미 대부분 결정되어 있다.

52. 우리 시대 문학과 철학의 착각

[실존 [나]를 찾기 위하여, 그리고 제 3의 탄생을 위하여, 자신을 탐구하는 자로서 가져야 하는 시대 정신은 무엇인가.]

경제적 부를 소유한 자들 자서전에서, 그가 어떻게 성공했는지, 그의 생각과 경제적 성공을 위한 삶의 방식이 무엇인지가 책으로 출판된다. 마치 그가 우리 삶의 표본인 것처럼 사람의 호응을 유도하고, 의지가 결여된 에피소드적 글들이 수필로 둔갑하여, 삶의 진실을 내포하고 있는 것처럼, 비슷비슷한 평론가에 의해 높이 평가된다. [작가 의식]이 결여된 저자의 글이 사람의 환호를 받고, 그 영향으로 그의 글이 삶에 있어서 어떤 의미가 있는지 알지도 못한 채 그의 생각에 자신의 젊음을 거는 자(者)를 바라볼 때, 비애감마저 느껴진다.

시대 정신을 이끌어가는 것처럼 착각하는 작가와 학자는 삶의 철학을 제시해야 하는 의무를 망각한 채, 너무 쉽게 책과 글을 발표하고 있다. 그러나 이는 생각 있는 사람들에게는 웃음거리일 뿐이다. 철학 민중화에서 약간은 결여되고 불행한 우리 사회 다수 민중은 그 절름발이와 같은 사상 누더기를 우리 삶의 철학으로 착각하고 있다.

정신적 빈곤화가 너무 많이 진행되고 있다. 웃음거리를 제공하는 사상 누더기로부터 눈길을 돌려, 자신만의 개별 통합 진리를 준비해야 한다. 자신을 알리려는 여인 양귀비 의 절규와도 같이, 그가 우리를 유혹하더라도.

우리가 읽을 만한 가치 있는 사상은 어디에 숨어 있는가. 이를 찾기 위해서는, 깊은 사유 없이 사람들이 추천하는 책은 이제 그만 읽는 것이 좋다.

- 우리 시대 정신은 그 시대 실존 [나]에 숨어 있다. 지금 우리 실존 [나]는 [평등한 자유]를 목표로 한다.

53. 세가지 작가 의식

[위대한 작가의 조건은 무엇인가.]

작가 의식은 글을 통해 자신의 철학 속으로 일반 대중을 이끌 수 있는 자신만의 완전한 철학을 전달하려는 사명을 기초로 해야 한다. 현대 작가 대부분 특징은 그의 사상이 혼돈 속에 있다는 것이다. 그는 자신의 박식한 지식과 특정 분야에 대한 이해를 전달하려는 지식 전달자로서 역할에 만족해한다. 이제 작가의 특징은 해박한 지식 소유자로서 인지되고 있으며, 작가 얼굴에서 물론, 몇몇 작가는 제외한다. 개별 철학 완성을 위한 고뇌의 흔적을 찾을 수 없다.

진정한 작가는 [분출되는듯한 사상 충만감]을 필요로 한다. 이 충만감의 결여는 지면을 채우기 위한, 자신의 일관된 철학에 반하는, 백과 사전식 지식 도입을 피할 수 없게 한다. 처음에는 독자에게 자신의 해박함을 자랑할 수 있고, 독자 또한 그로부터 만족을 느낄 수 있다. 그러나 개별 철학 완전성 부재에 기인한 자기 저술 여기저기서 드러나는 [철학의 불완전성]은, 오래지 않아 작가로서 능력에 대한 비판 속으로 빠져들게 할 것이다. 그러므로 자기 철학과 사상에 대한 완전성에의 목표를 아직 달성하지 못한 초보적 작가는 몇 권의 책 속에서 사람들과 타협하게 되고, 어느새 작가로서의 생을 사실상 마감하게 될 것이다. 이제 그는 더는 작가가 아니며, 사람들을 이용하여 돈을 버는 지식 장사꾼이다. 이로부터 자신을 위로하는 유일한 방법은 사람들로부터의 호평에 매달리는 것이다.

진정한 작가로서의 탄생을 위한 두 번째 조건은 [평등한 자유를 위해, 민중이 지향해야 하는 가치 창조자로서 해야 할 역할에 대한 끊임없는 노력]이다. 우리 주변 다양한 삶의 요소를 인식하고 이로부터 그것을 자신 의지로 재구성하여, 이 재편된 삶의 요소를 통해 사람들을 이끌 가치를 제시한다. 우리 대부분 작가가 민중들로부터 호평을 받지만, 그들로부터 크게 존경을 받지 못하는 이유는 이와 같은 삶의 가치 창조자로서의 역할을 스스로 포기했기 때문이다.

우리 시대의 위대한 작가가 되기 위한 마지막 조건은 [일반 민중에 대한 존중과 인간에 대한 사랑]이다. 위대한 작가는 사람들을 가장 뛰어난 비판자로 생각하고 글을 발표해야 한다. 자기 분야에서 최고 전문가가 되기까지 책 출간은 보류하는 것이 좋다. 일반 민중들을 자신보다 우매하다고 생각하는 것은 우리 작가의 큰 오류이다. 그렇다. 민중은 비록 지식은 부족할지는 몰라도, 그 저작의 가치를 느끼고 판단하는 일에는 민감하며 또한 철저하다. 자신이 저서가 호평을 받지 못한다면 그 탓을 사람들에게 (독자의 우매함으로) 돌리지 말라. 사람들에게 삶의 의미를 깨우치게 하고, 자신의 저작

속 가치를 자신 의지대로 사람들에게 전파하기 위해서는 그들을 압도하는 오랫동안 준비된 천재성(창조성)과 우리 삶을 이끌 새로운 가치를 반드시 제공해야 한다. 자신이 우리 시대를 대표하는 작가가 되고 싶다면, 천재성만으로는 절대 불가능함을 잊지 말 일이다. 우리 작가들이 사람들의 제 3의 탄생을 돕기 위하여, 세 가지 작가 의식으로 점철(點綴)된 소중한 글을 완성하기를 기다린다.

우리는 작가에게 가치 창조를 주문한다. 이미 그는 군주와 민중 사이 평등을 만들었다. 인종 간 평등을 쟁취했고, 남녀 간 평등도 발견했다. 독재와 억압으로부터 자유로움의 중요성을 주장했고 평화로움의 가치도 발견했다. 우리 인류가 현재까지 발견하고, 창조하고, 유지하고 있는 가치가 아닌, 우리 시대 새롭게 탄생하는 가치는 무엇인가. 그것을 찾는 것이 우리 시대 작가의 역할이다. 그것은 최소한, 우리 삶을 자유롭게 그리고 평등하게 하는 것을 포함할 것이다.

54. 시인의 거짓말

[시(詩)의 조건은 무엇인가.]

누구도 진리를 가르칠 수 없다. 이미 존재하는 진리를 이야기할 뿐이다. 세상은 진리로 가득하지만, 타자(他者)가 가르쳐 주려고 하면 아무것도 보이지 않는다. 진리는 스스로 찾아 나서는 자에게만 그 모습을 드러낸다.

어느 인식론자는 니체(Friedrich Nietzsche) [시인은 거짓말을 너무 많이 한다]고 했는데, 이 말은 현대 시인이 가지는 오류를 대변해준다. 그는 아름답고 고상한 시어 탄생을 위해 노력하기는 하지만 우리 시적 운율과 정서에 맞지 않는 고상한 단어만을 수집한다. 그 결과 우리 시는 운율을 무시당한 채, 이상한 조각 모음적 산문으로 전락했다. 그러나 홍수와 같이 쏟아지는 [거짓 시]는 자기 가슴으로부터 쏟아지는 열정의 발산과도 같은 [위대한 시]와 어깨를 나란히 하고 싶어한다.

우리 시대는 운율, 정서, 호흡의 자연스러움을 그 본질적 특성으로 가지는 시 창조 능력 상실과 함께, 이제 시를 감상할 능력마저 상실해 가고 있다. 시인이 되고 싶은 순수하고 맑은 가슴의 소유자, 가슴 속 열정을 발산시켜 버려야 하는 뜨거운 가슴의 소유자가 잊어서는 안 되는 것이 있다. 그것은 [시적 감성의 거짓과 참을 구별할 능력이 있는 자]는 절대로, 시의 본질을 망각한 단순히 고상한 단어 집합으로 구성된 [시를 가장한 산문]을 끝까지 읽지 않을 것이라는 사실이다.

운율과 정서, 우리 호흡과 자연스럽게 동화되지 않는 고상한 단어 조합이 시로 둔갑하면, 이 시는 모두 [감성에 대한 거짓말]을 하는 것이다. 잊어서는 안 되는 시적 본질을 누가 지키겠는가. 우리는 그를 기다린다.

55. 시의 본질

[시의 본질은 무엇인가. 왜 철학은 시를 사랑하는가.]

시의 본질은 자신의 사유를 감성으로 표현하여, 이성으로부터 얻을 수 없는, [급격한 사유 공간의 확장]을 이끄는 것이다. 시는 인간 감성을 자극해야 한다. 시에 이성을 사용하려고 할 필요 없다.

[시인은 아름다운 문장을 만드는 것이 아니라, 한 대상을 창조하는 것이다.] 사르트르

[완전하고 아름답게, 희열에 차서 솟도록, 그 어떤 시인도 생각해 낸 적이 없듯이 그렇게.] 헤세

[리듬의 시간 단위에서 진정하게 생명성 주는 것은 강세와 행간의 휴지(休止)에 의해 비로소 생겨나는데, 이것은 음악의 박자가 갖는 리듬과 평행 관계에 있다.] 헤겔

시는 각 민족 [운율, 정서 그리고 호흡의 자연스러움]을 그 특징으로 해야 한다. 산문을 사용해서는 안 된다. 꼭 산문을 써야 한다면, 그것을 시(詩)로 위장하지 말라. 시의 본질적 특징을 완전히 갖

추지 못한 어설픈 단어 집합체적 시는 인간 감성을 자극할 수 없을 뿐 아니라, 자신이 의도했던 시적 감성 세계가 어지럽게 변형되어 사람들에게 혼란스럽게 전달된다. 이와 같은 기형적 시는 논리적 사유에 대한 미련을 버리지 못하는 이성적 부류 시인의 산문성에 기인한다.

자신의 시적 감성 세계가 변형되거나 거짓되게 표현되지 않기 위해서 시인은 자신으로부터 철저히 이성을 추방하고, 순수 감성 세계 속으로 자신을 이끌어야 한다. 그러므로 시에 대한 열정을 가진 자가 가장 먼저 시작해야 하는 것은 이성과 감성을 분리하는 연습이다.

시인은 자신의 내부로부터 솟구치는 감성의 열정을 표현할 뿐이어야 하지, 무엇인가 의도에 의해 시를 만들어서는 안 된다. 의도적 시는 시적 정서로부터 이탈되지 않을 수 없으며, 이 이탈은 [자신 사유 세계를 감성적으로 표현하는 시의 본질적 특성]으로부터 점점 더 멀어지게 한다. 시인은 자신이 느낀 것만을 표현해야 하며, 표현하기 위해 느낌을 조작해서도 안 된다.

시인이 해야 하는 일은, 시의 운율을 창조할 수 있는 능력과 각 민족 정서에 대한 완벽한 이해를 위한, 오랫동안의 수련과 연습이다. 운율 창조 능력을 타고 난, 몇 명의 천재적 시인 김소월(金素月) 이 아니라면, 운율을 조화롭게 선택하여 우리 호흡과 자연스럽게 동화시키는 능력을 끊임없이 배양해야 한다. 시인은 자기 민족에게만 시인으로서 존재할 뿐, 다른 민족에게는 더는 시인이 아니다. 시로써 타민족에게 인정받으려는 욕심은 부리지 않는 것이 좋다. 시인은 일생을 통하여 진정한 몇 편의 시를 쓸 수 있다면 하늘에 감사해야 할 것이다. 우리는 그(詩)의 탄생을 기다린다.

- 시는 인간이 인간적일 수 있는 좀처럼 허락되지 않는 순수함으로 우리를 인도한다.

- 철학자는 항상 시를 곁눈질하고, 시인은 항상 철학을 목표한다. 그러나 두 재능을 모두 소유한 자는 인류 역사상 없었고, 앞으로도 없을 것이다.

시는 솔직하다. 산문은 위대한 문호 글이라 하더라도, 복잡하고 의도가 잘 파악되지 않는다. 왜냐하면, 그 자신도 자기 글에 대하여 잘 알지 못하는 경우가 적지 않기 때문이다. 아마도 시는 우리가 인간 일반의 솔직함과 순수함을 표현할 수 있는 거의 유일한 수단일 것이다. 이렇게 시는 문득, 존재를 보여 준다.

위대한 철학자는 노력으로 탄생할 수 있지만, 위대한 시인은 노력으로 탄생하기 어렵다.

물이 흐르고 바람이 불고, 해는 머리 위에 있다. 모든 것이 일단은 예측 가능하다. 조금 마음 편안한 이른 오후 시간이다.

56. 즐거운 본능

[본능은 우리 삶에서 어떤 역할을 하는가.]

본능은 생존, 성취 그리고 우리 모든 즐거움과 관련이 있다. 인간은 본능적으로 타자(他者)를 사랑하며, 본능적으로 미지 세계를 추구한다. 새로운 지식에 대한 본능적 열의를 가지고 있고, 삶에 지식을 응용하려는 본능이 있다. 그리고 힘을 증대시키려는 강력한 본능을 가진다.

우리는 본능과 비도덕적 음울함을 연결하며 본능을 억압하고 있다. 하지만, 정화된 본능은 인간이 가질 수 있는 특권이다. 인간 본능에 대한 깊은 통찰에 도달한 자는 매우 즐거운 감정에 빠지게 될 것이다. 본능에 대한 억압에서 벗어난 [즐거운 본능]을 명확히 인식해야 한다.

자신을 제어하지 못하는 [유아적, 향락적 쾌락]과 본능을 연결해 동일시하려는 시도는 이제 그만 두어야 할 것이다. 인류 역사상, 우연히 권력을 잡은 겁쟁이들이 가장 두려워한 것은 우리 인간 본능이었다. 모든 인간적 본능은 자유를 지향하며, 이로써 우리 인간은 발전한다. 일반적으로 본능이란 자신 의지와 무관하게 어느 정도 의지와 투쟁하기는 하겠지만 발생하는 인간 행동과 사고를 말한다. 우리는 인간 내부에 존재하는 억압된 본능적 요소를 발굴하고, 그것을 자신으로부터 자유의지하고 표출한다. 이는 우리를 둘러싼 억압으로부터 자신을 보호함과 동시에, 삶에 유익한 행위와 사고로 우리를 크게 재무장시킬 것이다.

삶에 매우 유익한 본능이 억압되는 원인은, 삶을 구성하는 [왜곡되고 유아적이며 향락적인 쾌락적 욕구]가 자기 내면에서 숨어 있는 [즐거운 삶의 본능]과 투쟁하고, 이 투쟁으로부터 유익한 본능이 억압되기 때문이다. 이렇게 우리 삶 속에서 유익한 본능이 향락적 본능과 동일시 되고 있다. 앞서 이야기 한 바와 같이, 이는 우매하고 겁많은 지도자에 의해 강제되고, 잘못된 교육자에 의해 교육되어, 우리에게 주입된 삶의 어두운 [가치 전도]이다. 우리는 사랑, 탐험, 탐구, 자유, 창조, 우정, 정복. 이 삶의 즐거운 본능을 왜곡하여, [지루한 이성을 기원으로 하지 말고], 우리 삶을 자랑스럽고 즐거운 본능으로 바꾼다.

우리는 인간적 본능을 긍정한다. 그것은 존재를 나타내기 때문이다. 이렇게, 우리 본능이 [제 3의 탄생]을 위한 중요한 요소임에 분명히 한다. 우리는 본능에 즐거움을 부여한다.

57. 억압된 의지적 본능의 회복과 자유인으로의 탄생

[어떻게 우리는 본능에서 자유로울 수 있는가.]

본능은 자기 의지와 무관한 [무의지적 본능]과 자기 의지로부터 표면화되고 발전되는 [의지적 본능]으로 구별된다. 기본적 생존을 위한 호흡과 같은 [무의지적 본능]은 여기서 논외(論外)로 한다. [의지적 본능]은 그것이 표면화되고, 인간 자신에게 작용하기 시작하면 [의지적 인식화] 한다. 그러므로 [의지적 본능]은 [조건적 본능] 또는 [숨겨진 내면적 제어 본능]이라 할 수 있다.

본능은 또 다른 의지이다. 본능을 어쩔 수 없다고 체념하면 곤란하다. 단념은 자신을 그 정도의 의지 분열적 인간화한다.

[억압된 내면적 의지 본능]을 부활시키기 위해, 우리는 각자에게 강제되어 주입된 기존 삶의 가치 전도(顚倒)를 달성해야 한다. 어려운 일이다. 그러나 부, 권력, 명예, 대상, 감각, 생각, 행동, 사상으로부터 독립적인 존재 · 인식을 통하여, 자기 의지 본능을 회복하는 순간, [자유정신]을 가진 자로서 새롭게 탄생한다. 모든 삶의 가치를 자기가 스스로 만들기 시작하기 때문에, 자유롭지 않은 것이 없다.

이로써 누구에게도 지배받지 않는 [비밀의 정원]에 들어선다. 어려운 일이지만 폭풍이 지나가듯, 한순간 가능한 일이기도 하다.

힘의 본능인 존재와 인식 본능이 억압되고 있다. 하이데거의 그들 존재와 시간 과 같은 무리가 우리에게 편안하고 안락한 삶에의 환상을 꿈꾸게 하여, 우리 삶을 구속한다. 그리고 이 환상을 극복하려는 자들은 그들로부터 철저히 격리된다. 이제는 안락한 삶에의 환상을 위한 노예적 삶을 꾸리지 않으면, 오히려 우리 민중으로부터 이단자로 추방당하게 될 지경이다. 전술(前述)한 바와 같이, 이는 원래 지배자의 통치 수단이었다.

우리는 지금 혹시 푸줏간 앞, 개 신세가 아닌가. 그는 고기와 뼛조각은 먹고 싶으나, 주인의 매 때문에 접근할 수 없다.

우리는 비도덕적이고 음울한 것으로 세뇌되어 숨어버린, 우리 존재와 인식에 대한 본능을 이제 의지화하고 회복한다. 존재와 인식을 의지(意志)하는 삶으로, 지식인과 학자가 그렇게 비참하다고 주입한 우매한 삶으로, 편안하지도 안락하지도 않은 삶으로, 나아간다. 진정한 자유를 누리면서, 삶을 완성하는 곳으로. 우리 마음

속 억압된 존재에의 본능, 인식에의 본능을 자극하여, 인간 고귀함과 절대 자유의 공기를 호흡한다.

자유정신을 가진 자는 미래를 위하여 현재를 희생하지 않을 뿐만 아니라, 현재 즐거움을 위해 미래를 희생하지도 않는다. 그는 시간과 독립적인 자기 자유를 성취하기 위해 대부분 시간을 사용하기 때문이다. 우리는 이제 억압에서 벗어나, 자기 존재 속으로, 자기 인식 속으로 자유롭게 여행하는 절대 자유정신으로 새롭게 태어난다. 용기를 내라. 자기 실존을 한 번 보는 것만으로도 자유로워질 수 있다. 우리는 [본능으로부터의 자유]를 의지(意志)한다.

[제 3의 탄생]은 숨어있는 자기 존재, 자기 인식, 자기 의지 발견을 통한, 절대 자유정신으로 재탄생하는 것이다. 절대 자유 상태를 위해서는 본능도 예외는 아니다. 이 험한 산을 넘어 [제 3의 탄생]과 함께, 잃어버린 존재 [나]를 찾을 수 있다면, 우리는 드디어 자유정신을 획득할 것이다.

58. 우리의 철학

계곡 바람은 향기로운 흙냄새를 느끼게 한다. 나무와 계곡 바위도 우리 생각을 듣고 있다.

[끊임없이 서로 투쟁하고, 파괴적 관계를 개선하지 못하는 이유는 무엇인가.]

사람들간 분열과 반목이 발생하는 근본 원인은 통합 철학 사상 결여에서 유래한다. 우리 철학은 지배를 위한 한 수단으로서 전락한 유교 철학과 민주 철학, 민중 인식 수준 향상을 도모하기에는 한편 타락하고 한편 너무 깊이 은둔해버린 종교, 근대화의 한 방편으로 밖에는 생각되지 않는 실용주의 사상, 민중 개혁 방편으로써 공산 철학, 이들은 사람들을 이끌 근원적 힘을 이제 더 이상 갖지 못한다. 그들은 책 속에 그리고 산속에 너무 오래 있어, 힘이 약해졌다
.

지금 우리는, 불행히도 사상 근원이 불명확하며, 인식 능력 배양을 위한 적절한 토양을 갖지 못했다. 물론 인류 전 역사를 통해 위대한 사상 지배로, 인간 행복을 이끌었던 시대를 발견하기는 쉽지 않다. 이는 우리 시대만의 문제는 물론 아니다. 그러나 사상이 뿌리

를 내리고, 인류 정신적 고양을 달성키 위한 노력을, 물질적 곤란 속에서도, 우리 인간은 지금까지 전(全) 역사 시대를 통해 유지해 왔다. 그런데 우리 사회에서는 사정이 더욱 악화되었다. 문명이 발달함에 따라, 사람들이 이익을 성취하기 위한 삶의 방식이 다양해 지고, 이에 따른 철학도 나름대로 다양해 지고 있다. 하지만 철학 사상 분열은 사람들 분열을 일으키고, 결국 통합 철학 부재는 우리를 계속 분열, 결국 파괴할 것이다.

지금, 정신 철학 사상 빈곤 시대 속에서, 우리는 얼마 버티지 못할 것이다. 물질적 풍요를 비롯한 현대 가치에 대한 잘못된 환상을 우리는 이미 잘 알고 있지 않은가. 우리 목표는 인간 사유 영역 확대와 발전을 통한 평등한 자유의 실현이다. 우리는 이 무한 영역에서 평화와 전율을 느끼게 하는 미지 세계에 몰입하고, 사유 영역 확대를 통한 자신만의 개별 가치와 개별 질서를 발견한다. 이 밝고 넓은 세계 속으로, 우리 존재 속으로, 지금 떠난다.

우리 인류는 항상, 정신적, 사상적으로 고양된 소수가 인류 생존을 위한 가치를 이끌어 왔다는 것은 분명한 사실이다. 우리가 바로 그 소수가 되어, 사람들을 이끈다. 이제 험하지만 넓고 깊은 산으로 간다. 화가가 그린 아름다운 수채화로, 우리 깊은 산을 더는 어처구니없게 상상할 수는 없다. 넓고 깊은 산으로 가, 그 실체를 직접 확인해야 하지 않겠는가.

우리는 무한 존재 [나]를 깊은 산으로 비유한다. 산은 계속 변한다. 계절마다 변하고, 낮과 밤에 따라 변하며, 비가 오면 또다시 변한다. 꽃에서 봄을 찾는가. 단풍잎에서 가을을 찾는가. 우리 삶과 존재 [나]는 수채화로 표현할 수 없음은 틀림없다. 끊임없이 변화하는 깊은 산과 같은 존재 [나]의 실체, 그것이 실존이다.

59. 절대적 철학의 준비

[삶의 분열과 파괴에서 벗어나게 해주는 통합 철학은 무엇인가.]

모든 인간 사고와 행동을 지배할 수 있는 절대적 사상 탄생은 인류 역사 시작부터 기대되어 온 모든 인간 그리고 철학 목표이다. 철학은 성숙한 사상적 토양 속에서만 싹튼다. 절대적 철학 탄생은 오랫동안 준비해야 한다. 그러므로 비록 우리가 절대적 철학 완성자로서 역할을 할 수 없을지는 모르나, 그 토양을 비옥하게 하는 인도자, 교육자로서의 역할까지 포기해서는 안 된다.

철학을 공부하는 자는 미래 인간 일반을 이끌 [시대 철학 완성자]로서 탄생할 꿈을 가지고, 우리 생각을 발전시키고, 이를 통해 우리 사람들을 이끌어야 한다. 우리 인류는 20세기 초 철학으로 100년을 유지해왔다. 지금 우리는 다시 혁명적 철학이 필요하며, 이는 무엇보다 중요한 일이다. 파괴와 혼돈으로부터, 인류 역사를 통해, 우리를 지킬 수 있었던 것은 사람들을 인도하는 위대한 정신이었다. 이제 미래 100년 우리를 인도할 사상 정립을 우리는 더욱 갈망한다. 이제 우리 젊은 나이 적음으로 오해 말라. 인도자, 교육자가 시대적 절대 철학 완성을 위하여 잠에서 깨어나야 할 시간이다. 가끔은 생(生)이 그렇게 길지 않음이 조금은 안타깝게 느껴진다.

[통합사유철학]은 존재와 의지와 인식으로 구성된 종합적 사유 철학 체계이다. 이 사유 공간은 선형 세계와 평면 세계 그리고 공간 세계로 구성된다. 통합사유철학, 2014, 자유정신사 선형적 사유, 평면적 사유, 공간적 사유와 실존 [나]의 관계는 무엇인가. 우리는 지금 실존적 존재 [나]를 찾기 위한 문에 들어서고 있다.

60. 즐거운 지식

[우리 모두가 제 3의 탄생을 통하여, 가난함과 미약함 속에서도 아름답고, 평온하고, 자유로운 삶을 살 수 있을 것인가.] 우리는 가난과 철학에 대하여 이렇게 생각했다.

단정하게 입고, 소박하게 먹고, 편안히 쉴 작은 공간이 있다면 그것으로 충분하다.

이를 위한 노력까지 게을리해서는 안 된다. 그러나 상대적인 가난까지는 우리 관심사는 아니다. 부(富)에 있어, 자기 능력 이상 너무 많은 것을 바라지 않는 것이 좋다. 자신만의 단정하고, 소박하고, 편안한 공간을 조금씩 만들어가면 된다. 고난으로부터 조금 벗어나면 즐거움이 보인다. 그 즐거움을 보면서 아름답고, 평온하고 자유로운 삶을 조금씩 만들어가면 된다.

가난하지 않으면 지식도 즐겁지 않다. 과다한 부는 예외 없이 지식을 장식으로 만든다. 지식을 자기 삶의 장식으로, 위선적 수단으로 가지게 되면 지식은 향기가 사라진다. 가난하지 않으면 철학은 삶 자체가 아니라, 삶의 장식물로 전락하기 쉽다. 혹시 부를 가졌더라도, 가난하게 살라.

풍요에 겨운 [게으르고 살찐 부자]를 꿈꾸지 말라. 바로 그렇게 될 것이다.

우리 삶은 단정하게 입고, 소박하게 먹고, 편안히 쉴 장소로 충분하고, 그 이상 것은 그렇지 못한 자들을 위해 모두 사용하는 것이 좋다. 세상 대부분 사람 모두 그렇게 불행하지 않을 수 있다. 우리가 조금 더 노력하고, 여분의 것을 나눈다면.

[풍요로운 자의 즐겁지 않은 지식에 대하여]

데카르트, 스피노자의 글귀를 외우도록 강요하며, 칸트의 범주론(範疇論)에 깊은 감동을 한 것처럼 행동해야 하고, 플라톤의 정의 개념에 머리 숙이도록 강요받는다. 이제 지식은 창고 속 물건처럼 머릿속에 보관되며, 이것을 지키느라 많은 시간을 투자한다. 가슴으로부터 느끼는 [즐거운 지식]은 우리 삶으로부터 멀어지고 있다.

철학적 사유가 과학적 지식과 동일시되는 위험에 빠져있고 얼마나 많은 양의 철학자의 글귀를 외우고 있는지가 철학자의 자질과 능력으로 평가된다. 우리는 지식으로부터 멀리 떨어져, 깊은 계곡의 신선함을 당분간 마실 필요가 있다. 철학자의 유명한 글귀로 머리를 혼란 시킬 일이 아니다. 실제 필요한 것은 우리 자신 [사유 공간 세계의 구성과 창조]이다.

즐거운 삶 그리고 즐거운 지식이 바로 자기 존재, 자아(自我) 속에 있다는 것을 아는데, 안타깝게도 너무 많은 시간이 젊음 대부분 시간 필요하다.

게으름과 평온함에 대하여 구분하는가. 할 일 없고 편안한 삶이 [나]를 의미 있게 하는가. 사람들로부터 호평을 받는 것이 [나]를 의미 있게 만드는가. 결국 [나에 대한 불분명]이 삶을 혼란 시킨다. 우리는 존재를 중심으로 한, [제 3의 탄생]을 위하여, 숨어 있는 자신에게 눈을 돌린다. 그리고 잃어버린 실존적 존재 드러남, [나]를 찾기 위하여.

Ⅳ장. 나를 가라앉히다

하루에 하나씩 진리를 깨달아도 깨달음의 끝이 없다.
우리는 아침마다 다시 어리석어질 것이다.

투명성을 위하여

지금 나를 꿈꾸다

5년 후를 꿈꿀 때, 그 꿈은 저 먼 산 너머였고, 10년 후의 꿈에 젖었을 때, 그 꿈은 보이지 않는 저 하늘 너머였다. 그런데 한번 30년 후에 꿀 꿈을 생각해 보면 지금 여기에 있는 내 모습 아닌가.

61. 철학자들의 비밀 노트

계곡을 떠나, 다시 산을 오른다. 가파른 산길을 오르기도 하고 완만한 능선을 따라, 기분 좋은 좁은 산길을 지난다. 왼편 산 언덕과 오른편 가파른 경사 사이에 만들어진 좁은 길은 신비롭다. 지금 이 순간 산을 오르는 것은, 사람들이 가기 때문에, 그들에게서 떨어지지 않기 위해서인가. 이 산을 오르면, 평지에는 없는 것, 산에 오른 자에게만 주어지는 선물을 얻을 수 있을 것이다. 갑자기 하늘이 흐려지고 빗방울이 굵어지기 시작한다. 가을 소나기이다. 나뭇잎은 그 비를 머금고 깨끗한 모습을 자랑하듯이, 붉고, 노란 그리고 아직은 남아있는 푸르름을 더욱 드러내고 있다. 조금 시간이 지나자 나뭇잎이 머금던 빗방울이 머리 위로 떨어지기 시작한다. 바위 아래 조금은 비를 피할 수 있는 곳에서 잠시 비를 피하지만, 오늘 가야 하는 산장까지는 아직 거리가 멀다.

[우리가 알고 깨달아야 할 진리가 너무 많지 않은가. 죽을 때까지 그것을 모두 알고 죽을 수 있는 것인가.]

- 죽음 앞에서, 모든 진리를 다 안다 해도, 무슨 소용이 있겠는가. 진리를 깨닫기 위한 삶은 최악이다.

빗 속에서

철학이 학문화된 후, 학자들은 자기 학문 깊이를 지식 양으로 판단하여, 자신과 관련된 철학적 사고 전문 분야에 관한 한, 자기 기억력을 능가하는 학자는 없다는 것을 확인하기 위해 열심이다. 이 확신을 위해, 그는 자기 학문 영역을 벗어나는 인식 세계에 눈을 돌릴 여유가 없다. 그들은 사람들로부터 인정받기 위해, 더욱더 자신의 한정된 학문 영역에만 몰두하게 된다. 그리고 자기 영역 중요성을 사람들에게 설득하려는 방법을 찾기 위해, 자기 대부분 시간을 소비한다. 그는 자기 영역에 만족해하면서, 마치 제한된 사냥 영역을 갖는 육식 동물과 같이, 자기 영역이 누구에게도 침범당하지 않도록 끊임없이 경계한다.

철학자 연(然)하는 학자는 새로운 가치를 제시하는 가치 창조적 철학자를 만나면, 자기 사냥 영역이 허물어짐을 느낀다. 그는 자신에 대한 본능적 방어로서 그를 비방한다. 학자는 노트 깊숙한 곳에 적어두었던 옛 철학 문구를 찾아내, 창조적 철학자가 자기 영역을 침범할 때, 자기 지식 방대함에 미치지 못함을 들추어냄으로써 창조적 철학자의 불완전성을 애써 떠들어댄다. 우리 철학은 모든 학문을 포함하기 때문에, 이 미숙한 방어적 학자와의 번거로운 만남은 필연적이다. 우리 가치 창조적 철학자가 극복해야 하는 대상은, 일반 민중에 앞서, 이 철학자 연(然)하는 학자이다.

빛 속에서

철학자 연(然)하는 학자뿐 아니라, 우리 소중한 철학의 초보자 또한 알아두어야 할 것은, [이 세상 모든 철학 영역, 모든 철학자의 위대한 정신은 이미 우리 사유 공간 세계 속에 존재한다]는 것이다. 학자들의 노트 속, 옛 철학자의 화려한 문구도 우리 사유 속에 있으며, 고대 동서양의 모든 놀라운 철학 또한 우리 사유 속에 존재한다. 철학자 연(然)하는 학자가 자기 삶을 통해 얻은 지식 보고(寶庫)도, 벌써 우리 사유 속에 존재한다. 이로써 철학자 연(然)하는 학자의 자랑스러운 노트도 우리 철학적 인식자(認識者) 앞에서는 더 이상 그 영역을 보호해줄 수 없다.

철학을 시작하는 자는 지식 격류에 휘말려서는 안 된다. 그 격류에서 벗어나, 자기 존재, 자기 의지, 자기 인식으로 구성된 철학 공간에 대한 끊임없는 사유에 몰두해야 한다. 즐겁고, 고귀한 지식은 저명한 철학자의 문구로부터가 아니라, 자기 사유를 통해 영원한 진리에의 길을 스스로 발견할 때, 우리 삶을 밝게 비추는 조용하고 평화로운 즐거움으로 찾아들 것이다.

사람들을 이끄는 철학자가 되고 싶은 학자는 자신을 억누르는 두꺼운 노트를 서둘러 버리는 것이 좋다. 자신을 가볍게 하는 자만이 험하고 가파른 진리의 산에 오를 수 있다. 너무 많이 알려 하지 말고, 오히려 가지고 있는 오류를 가라앉힌다. 혼탁한 지식의 먼지가 가라앉으면 [투명한 존재]가 드디어 드러날 것이다.

나를 가라앉히다

[나]를 발견하기 위해서는 투명함이 필요하다. 우리는 투명한가. 타자(他者)의 지식과 철학으로 온통 가득 차있지 않은가. 어떻게 이를 가라앉힐 것인가. 어떻게, 새롭게 수용하는 철학적 사상과 지식을, 내 사유 투명성을 유지하면서, 받아들일 수 있겠는가.

62. 쾌활성과 명랑성

이제 비는 새로운 길을 만들 기세로 세차게 내린다. 우리는 바위 아래에서 비를 피하면서 비가 만드는 작은 계곡들을 보고 있다. 우리가 이야기해 온 대로, 산(山)의 본질은 [수채화 속, 산]이 아니라, [끊임없이 변화하는, 절대 말로 표현할 수 없는 것]이다. 그리고 우리 수명이 다할 때까지 표현해도 다 표현할 수 없는 것이다. 우리가 찾으려는 실존 [나]도 이런 것 아니겠는가. 직접 산속으로 들어가 비를 맞기도 하고, 계곡 물소리도 듣기도 하며, 따뜻한 돌 계단에서 햇빛을 맞는 자만이 산을 발견하듯이, 존재 [나]를 탐험하면서 하루하루 살아가는 삶 속에서, 실존 [나]를 끊임없이 발견하지 않겠는가.

그럼 [나]를 발견한다는 의미는 무엇인가. 진정한 [나]를 알면 우리 삶의 여정이 바뀔 것이다. 그것은 대타적(對他的) 나를 위해 우리 삶의 목표를 세우고 살아가는 혼란 · 어리석음으로부터 우리를 벗어나게 해줄 것이다. 그리고 이 [벗어남]은 우리에게 아름답고 평온하고, 자유로운 삶을 선물로 줄 것이다.

[우리 주변 쾌활한 자로부터 얻는 즐거움이 한정적인 이유는 무엇인가. 그것이 삶을 근본적으로 치유해줄 수 없는 이유는 무엇인가.]

우리는 쾌활성과 명랑성에 대하여 이렇게 사유했다.

[쾌활함]은 가볍고 즉흥적이며 감각적이다. 인간 감정이 일시적이며 지속적이지 못할 때, 그것은 자신으로부터 기인한 것이 아닌 경우가 많다. 쾌활성은 유머로서 장식되어, 인간적이며 가치 있는 인간 미덕으로 굳어져 가고 있다. 쾌활하지 않은 자는 우리 사회로부터 차츰 의심받고, 소외당하고 있다. 그러나 쾌활함은 변덕스럽고 저 깊숙한 곳에는 오히려 음울함이 존재한다.

반면, [명랑함]은 자기 본질 자체이며, 쾌활함과 같이 자신을 표출할 필요도 없다. 쾌활성은 타자(他者)가 중심이 되지만, 명랑성은 자신이 중심이 된다.

사유 창조력을 갖지 못한 채, 많은 시간을 보낸 자와 흐릿한 교육으로, 사유 흔적 없이 많은 시간을 보낸 자는, 그 불분명한 눈으로, 모든 것을 흐릿하게 판단한다. 그리고 그는 자신의 비정상적이고 흐릿한 사고를 답습하도록, 오히려 타인을 강요한다. 흐릿한 눈으로는 쾌활성과 명랑성을 구분할 수 없다. 이제 쾌활함은 변덕스런 자 몫으로 돌리고, 우리 사유자(思惟者)는 깊은 내면 세계로부터 발산되는 자기 본질적 명랑성을 소유해야 한다.

이 명랑성은 오래된 철학자 저서들에서도 다루어져 있지만 이제, 우리에게 그 의미가 더 크게 다가온다. 안타깝게도, 우리 주위는 쾌활한 자로 가득하고, 명랑한 자는 잘 보이지 않는다.

왜 쾌활성을 반대하는가. 쾌활성의 우민화(愚民化) 때문이다. 타자(他者) 중심 쾌활성은 자신을 비하하는 방법 외 다른 방법이 별로 없다. 그리고 자신과 타자 모두를 평범하게 만들어버리는 [어리석음의 순환]이 쾌활함에는 존재한다. 쾌활함은 우리 모두를 15세 사유에 맞추어 버린다. 그리고 그것을 웃음으로 장식한다.

모방적 쾌활함은 우리를 너무 쉽게 어리석게 한다.

쾌활함은 나를 드러내야 하고, 명랑함은 나를 가라 앉힌다.

63. 명랑함의 표식

[쾌활함을 대신할 명랑함의 특징은 무엇인가. 우리는 어떻게 명랑성을 가질 수 있는가.]

젊음의 특징이 무분별함으로 변화되고, 우리는 마취 상태에 빠진 것과 같이, 존재와 자아에 대한 성찰로부터 멀어져 가고 있다. 소리 내어 웃도록 강요받고, 그 웃음 속에 존재를 파묻는다. 이제, 얼굴에 미소를 머금게 하는 내면으로부터 명랑한 자를 만나기 어렵다. 그는 쾌활한 자들 시끄러운 웃음소리에 고개를 돌려 버린 것이다. 사람들과 만남은 웃음의 연속이고, 웃음이 멈추면 잠시도 그 어색함에 몸 둘 바를 모른다. 우리는 웃음을 일으키는 자들을 찾아 나서고 이 웃음을 일으키는 쾌활한 자는 마음껏 자신을 드러낸다. 그는 사람들에게 웃음을 주는 것이 사명인 것처럼 열심이지만, 잠시 후 그 쾌활함 뒤 정적이 흐르면, 오히려 이 정적은 우리를 더욱 참지 못하게 한다.

[명랑함]은 삶의 지혜를 내포하는 기쁨의 감정이다. 삶의 지혜는 삶에의 의지를 일으키며, 이로써 명랑한 자들과의 대화는 힘을 불러일으킨다. 그와의 대화 속에서 얻는 미소는 자신을 향상하며 자기 존재를 느낄 수 있도록 조용히 도와준다.

[명랑함]은 우리 삶 속에서 반드시 인식해야 하는 진리를 자신으로부터 느끼게 하는 걷잡을 수 없는 삶의 상승감과 그에 기인하는 기쁨의 감정이다. 이 [가슴 뜀]은 전체 자기 삶을 통해 잊히지 않는 평온한 즐거움을 오랫동안 지속시켜주며, 자신의 존재를 천천히 드러내듯 향기롭게 한다.

[명랑함]은 쾌활함이 외적 요인에 의해 기인하는 데 반해, 자신 내적 요인에 기인하는 기쁨의 감정이다. 쾌활함은 타인들과의 관계를 통해서 발생하나, 명랑함은 타인들과 무관하게 자기 존재로부터 창조된다. 존재 [나]를 보고 내가 즐거워할만한 것은 무엇인가. 명랑한 자들은 타인으로부터 즐거움을 찾기도 하지만 더 많은 즐거움을 숨겨진 자기 자신으로부터 찾는다. 우리 소중한 사람들에게 명랑성을 갖도록 교육하기 위해서는, 그들을 우리 학교로부터 [오랫동안 격리하는 것]이 가장 효과적일지도 모른다.

우리는 자기 성찰을 위한 새로운 교육 과정과 그것을 서로 표현하고 나누는 [소규모 집단 교육]을 제안한다. 우리에게 자기 성찰에 대하여 훈육하는 교육 기관이 있는가. 자기 성찰에 대하여 교육할 수 있는 교육자는 있는가. 자기 성찰에 대하여 이야기하는 시간과 공간이 있는가. 자기 성찰과 철학을 이야기하면 사람들로부터 이단적 시선을 받지 않는가. 그러나 우리는 자기 성찰과 철학 중심 시대 도래를 예고한다. 오래지 않아, 지금 우리 교육 과정의 무책임성에 대하여, 어처구니없어하며 뒤돌아볼 시기가 곧 도래할 것이다.

- 조용한 자기 성찰을 통한 자아 분출, 자기 존재가 투영된 투명하고 솔직한 미소, 이것이 명랑성의 특징이다.

64. 젊음의 본질

우리는 젊음과 투명성, 젊음과 명랑성의 관계를 긍정한다.

[우리 삶이 젊음에서 멀어지는 이유는 무엇인가.]

우리 주위, 젊은 자가 있는가. 유아기로부터 노년기로 이행하지 않는가. 젊음의 본질이 잘못 인식되어 있기 때문이다. 우리 세대는 권위에 대한 반항, 방임적 자유에의 갈망, 존재 외부 표출, 자신에 대한 방치에 가까운 불명확성, 인식에 대한 부정, 이를 젊음의 본질로 삼는다. 그러나 그들이 추구하는 자유로움은 오히려 철저한 모방적, 통일적 경향을 보이며, 이로부터 이탈을 두려워한다. 이 같은 자유로움이 바로 [노년적 자유]이다.

자기 삶에 대한 명확한 태도, 자기 길로 들어서기 위한 끊임없는 탐색, 자기중심적 유아 기질로부터의 탈피, 시대에 부합하는 가치를 창조하기 위한 사물에 대한 깊은 통찰, 자기 아름다움과 본성을 구체화하고 유지할 수 있는 자기 몰두, 이것이 우리 소중한 젊음의 본질이다.

잘못 인식되고 있는 오류투성이 [젊음의 본질]이 우리 젊음을 가로막는다. 이제 우리 방식으로 젊어지고자 한다. 조용히 나를 가라앉히고 아무것도 두려워하지 않는, 자신의 모든 것을 드러내는 투명한 젊음을 사유한다.

젊음은 미래를 책임져야 하는 고유의 의무가 있다. 인류 역사는 그것을 증명한다. 자신뿐 아니라, 가족, 민족, 인류 미래를 책임지는 자가 진정한 젊은 자이다.

죽음을 맞이하기 전까지 젊음을 포기해서는 안 된다. [젊음에 다가서는 자]의 삶은 바로 그 순간, 모든 것이 그들 것이다. 젊은 자 그리고 젊어지려는 자는 너무 겸손해할 필요 없다.

[젊음]을 세상을 적게 경험한 [어림]으로 착각하지 말 일이다. 젊음의 본질 모두를 가질 수 있는 시기는 오히려 육체적 젊음이 끝나갈 때 즈음이다.

65. 새로운 가치

[우리는 시대에 부합하는 가치 창조와 미래에 대한 책임을 어떻게 달성할 수 있는가.]

젊음의 최고 본질은 창조하려는 [의지]이다. 그는 동시대에서 필요한 삶의 가치를 창조하며, 자신의 의미를 스스로 부각한다. 우리는 창조의 세계로부터 너무도 멀리 떨어져 있다. 우리는 오랫동안 스스로 창조하는 가치에 의해 자신과 민족, 인류를 이끌려는 시도에 계속 실패했다. 이에 대한 무력감으로, 가치 창조 세계에 대한 의지가 분열되었다. 인간 생활을 풍요롭게 만들었던 과거 어떠한 문명도 [인간 삶의 제 1 의미, 자유]를 증대시키지 못했으며, 오히려 그것을 일부 퇴보시켰다. 이는 권력에 대한 복종이 주는 삶의 풍요가 우리 창조 능력을 퇴화시켰기 때문이다. 그리고 지금 우리 최근 삶에서 이 현상은 더욱 심각해 지고 있다.

풍요로움은 예상한 만큼, 우리에게 시간적 여유를 제공하지는 않았다. 오히려 소수의 권력, 재력가를 제외하고는 부지런함을 더욱 필요로 하게 되었다. 이는 사람들 예상과는 반대 결과이다. 부지런함은 예상치 못하게, 인간적 창조 능력을 심각히 박탈했다.

우리가 자기 시대를 이끌 수 있는 최적 가치를 창조하지 못하면 인간적 발전 흐름, [평등적 자유]로부터 벗어나게 된다.

그러면 누가 새로운 시대 가치를 창조할 것인가. 우리 인간 삶을 이끌 수 있는 본질적 가치의 끊임없는 변화를 통합하고, 우리 시대를 이끌 수 있는 신행동적(新行動的) 가치를 창조할 수 있는 자(者), 그들이 바로 [젊음]의 자격을 보유한 자이다.

인류 역사를 통해, 인류는 삶의 새로운 가치를 [정복에의 의지]로부터 [권력에의 의지], [인식에의 의지] 그리고 [풍요에의 의지]로 변화시켜 왔다. 과거 젊은 자들에 의한 가치 창조적 대안 제시는 그에 따른 철학적, 학문적 가치는 별도로 하더라도, 문명 발전에 동반한 혼란, 파괴 그리고 퇴보를 막는 최고 역할을 수행했다.

우리 시대는 [풍요에의 의지] 속에서 이제 또 다른 가치를 탐구하고 있다. 그리고 우리를 삶의 혼란으로부터 탈출시킬 젊은 가치 창조자를 기다린다. 이렇게 우리 모두가 가치 창조 사명을 부여 받고 있다. 이는 누구나 직감하듯이, [풍요에의 의지] 속에서, 삶이 급격히 파괴되고 있기 때문이다.

우리는 미래를 이끌 수 있는 시대 가치를 이렇게 제안한다. 모든 인간을 크게 다르지 않게 하는 [평등함], 모든 인간이 자기 꿈을 이루어 갈 기회를 가지는 [자유로움], 모든 인간을 삶의 초조함에서 벗어나게 하는 [평온함]이 그것이다. 풍요에의 환상으로 들뜬 [나]를 가라앉힌다.

우리는 통찰적 사유와 냉철한 철학이 필요하며, 이는 [통합사유철학]을 통하여 하나씩 성취할 것이다. 그리고 실존 [나]를 발견하기 위해, 그 속에 존재 · 의지 · 인식으로 통합 사유 공간을 구성해 나간다. 인간은 인식론과 존재론 그리고 가치론(의지론)에 따라 개별 행동한다. [통합사유철학]은 이를 통합하는 것이며, 이를 통해 [인간 일반 절대 철학]을 추구, 완성할 것이다.

66. 회복력과 항상성

비가 조금씩 그쳐 간다. 저편에서 해가 구름 사이로 보이기도 한다. 가을 산에서 보는 뭉게구름과 녹색 잎은 계절을 다시 돌려놓은 것 같다.

[우리가 추구하고 있는 실존적 존재 [나]가 아닌, 일반적으로 사람들이 자기라고 생각하는 "나"는 무엇이고, 어떻게 구분되는가.]

우리 인간에게는 두 가지 고귀한 특징이 있는데 그것은 [회복력]과 [항상성]이다. 인간은 자기 자아가 파괴되는듯한 육체적 정신적 고통을 겪더라도 자아는 자기 회복력에 의해 다시 복원된다. 이 [회복력]에 대한 근원적 힘은 모계로부터 물려받은 자기 보존 본능이다. 자아 파괴 순간, 우리는 이 생존 본능에 의해, 자기 자신을 복원시켜, 그 파괴의 소용돌이로부터 출구를 스스로 찾아낸다. 이와 함께 우리는 삶의 기본 법칙으로써 [항상성]을 내면 깊숙이 보유하고 있다. 인간은 자신의 자아가 소유하고 있는 성상(性狀)에 대하여 외부로부터 어떤 자극이 있더라도 그것을 유지하려는 본능이 있다. 이 본능으로부터 인간은 자신을 특징 지우고, 자신을 다른 개체와 독립적인 개체로 유지할 수 있다. 인간 독특한 개성과 성상 유지의 근원은 바로 [회복력]과 [항상성]이다.

이 삶의 법칙이 존재하는 까닭에, 어떤 위대한 철학자의 설득에도, 우리는 내면 깊숙한 곳으로부터 자기 변화에 반발하며 등을 돌려 버린다. 그러나 실망할 필요는 없다. 이것이 바로 사람 본성이며, 그는 그대로 내버려두는 것이 좋다. 그 또한 어떤 위대한 철학자의 사유 능력과도 동일한 사유 능력이 있을 수 있으며, 그들 나름대로 위대한 사고와 철학을 발전시킬 힘이 있기 때문이다. 이 얼마나 축복받은 능력인가. 우리 인간 각 개체는 세상 무엇과도 비교되지 않는 다양하고 위대한 사유 보고(寶庫)이다. 이 인간 사유 다양성과 가능성으로부터, 인간 사유 및 철학 한계가 누구로부터 극복될지 모르는 것이다.

이제 철학자 일은 자기 사유 범위의 확대 · 발전과 더불어, 아직 과거 철학자가 관심을 보이지 않았던, 우리 민중이 사유를 시작할 수 있도록, 그들을 도와주는 일이 추가되었다. 그러나 우리 철학자가 잊지 말아야 할 것은 사람들을 자신과 동일한 사고에 빠지도록 강요하거나, 변화하도록 강요해서는 안 된다는 것이다. 이는 인간의 법칙인 회복력과 항상성에 위배되기 때문이다. 우리 인간 일반 모두는 자기 세계와 자기 우주를 가지고 있다. 그들이 자기 철학을 만들도록 내버려 두어야 한다. 이는 절대 잊지 말 일이다.

우리 모두 [나]의 세계가 있다. 누구도 그 세계를 변화시키지는 못할 것이다. 그렇다면 위대한 철학자의 역할은 무엇인가. 우리 모두에게 각자가 가지고 있는 깊이 숨어있는 철학을 생각해 내도록 그들에게 그의 의미를 알려주는 것이다. [나]의 속, 깊이 숨어있는 철학은 무엇인가. 조용히 침잠하여 나를 가라앉힌다. 우리 인간 일반 모두에게 적용되고, 그들에게 새롭고 의미 있는 삶의 가치를 부여할 수 있는 [나]의 철학은 무엇인가. 혹시 우리는 [나]에게만 적용되는 고집불통 편협한 사고를 [나]의 철학이라 생각하지는 않는가. 그 고집불통 사고를 가치 있는 것처럼 사람들 앞에서 부끄럼 없이 이야기하지는 않는가.

개체 [나]에 [인간에 대한 사랑]이 스며들면, 어느새 실존 [나]는 창조된다.

67. 사유 통합에의 의지

빨간 단풍잎이 내린 비에 떨어져, 붉은 비단 같은 느낌으로 가을 산길을 장식한다.

[철학에서 통합 사유의 역할은 무엇인가.]

인간 사유, 끝없는 다양성 속에서 [사유 통합 의지]는 개별 인간을 독립시키고, 그 독립 속에서 자신의 가치를 발견하도록 도와주는 중요한 특성이다. 그러나 사유 공간이 올바르게 인도되지 않는다면, 공간 사유 본질로부터 멀어져 유한성 공간 평면 사유 공간, 선형 사유 공간에 갇혀 버린다. 사유 유한화는, 생각의 홍수 속에서, 자기 통합 의지를 상실한 채, 자기 외부로부터 밀려드는 억압적 의지 속에 자신을 맡겨, 자기 내부로부터의 사유 의지가 제한될 때 발생한다. 이는 사유 통합을 통한 개별 종합 사유를 불가능하게 한다. 인간의 고귀한 사유 다양성이 옛 철학자들로부터 경시(輕視) 받았던 것은 개별 인간의 사유 통합 능력에 대한 회의(懷疑) 때문이었다.

[사유 통합 의지]는 우리 [제 3의 탄생]으로부터 기원하는 가장 중요한 표식이다. 아직 [제 3의 탄생]을 이루지 못한 자는 통합 주체가 없기 때문에, 사유 통합이 불가능하다. 사유 통합은 우리에게

독립적으로만 사유 되어 왔던 [존재]를, [의지]와 [인식]과 함께 연결한다. 그리고 이 연결은 우리 사유를 통합적으로 [형상화] 시키는 공간 사유 세계에 대한 단서와 그에 대한 종합 사유 능력을 제공한다. 이제 우리는 내면으로부터, 즉 자신의 자아로부터 기원하는 [사유 통합 의지]를 갖도록, 하루하루 조금씩, 타자(他者) 사유를 종합하는 능력을 배양해야 한다. 그리고 만일, 그 능력을 갖추게 되면, 그것을 타자(他者)에게 나누고, 부여하는 역할도 함께 수행해야 한다.

이름을 알 수 없는 작고 동그란, 수많은 빨간 열매 모습이 눈에 들어온다. 이 열매는 꽃에서 온 것이지만, 꽃은 원래 없었던 것이다. 그렇다면 아무것도 없는 것에서 열매가 맺힌 것인가. 하늘, 공기, 태양, 물이 만들어낸 것인가. 아니면, 원래부터 나무가 가지고 있던 것인가.

[통합 사유와 존재 투명성의 관계]

통합 사유는 자기 존재 투명성을 통하지 않으면 성취하기 어렵다. 끊임없이 밀려드는 새로운 사유를 지속적으로 통합하여, 자기 사유를 변화의 소용돌이 속에서 종합, 유지하려면, 새로운 사유를 자기 사유 내, 어떻게 구성시킬 것인지 결정해야 한다. 이것이 가능하려면, 새로운 타자(他者) 다수 사유가 엄밀하고 명확하게 파악되어야 하는데, 이는 자기 존재를 포함한 사유 공간이 투명하지 않고 서는 거의 불가능한 일이다.

68. 소극적 자유와 적극적 자유

벌써 하늘은 늦은 오후 주황색이 감돌고 있다.

[우리가 지금 느끼는 자유로움은 정말, 자유인가.]

- 평등한 자유가 아니면, 그것에는 악취가 난다.

- 손해 보지 않는 듯한 평등은 없다.

- 자유로움은 [소극적 자유]와 [적극적 자유]로 분류된다. 그 선택에 따라 삶은 격변한다.

[소극적 자유]는 노예의 자유 의지와 같은 것으로, 그들은 단순히, 주인으로부터 자신이 어떤 사역도 받지 않기만을 바란다. 그들은 힘든 사역으로부터 해방을 원할 뿐, 자신의 노예 상태 자체에서 벗어나는 것은 원하지 않으며, 그것을 의지(意志)하지도 않는다. 이들은 자유로움을 추구하면서도 자신의 주인, 즉 보호자를 필요로 한다. 열심히 일하고 주인 마음에 들면 비교적 안전하게 살아갈 수 있기 때문에, 단지 자기 앞에 휴식이 있기만을 소망한다. 그의 자유에 대한 욕구 본질은 노동으로부터의 도피일 뿐이다. 무엇인가 해야

한다는 것으로부터의 도피, [사역으로부터의 도피]로 [소극적 자유]는 정의된다.

[적극적 자유]는 자신이 선택한 것을 할 수 있는 자유로움이다. [적극적 자유]를 쟁취하기 위해서는 위험을 각오한, 권력과 그 추종 집단으로부터 철저한 이탈이 필요하다. 이 집단으로부터 이탈에 성공하면, 그는 이제 자기 세계 속 최고 권력자이며, 이 권력은 어떤 압제자에 의해서도 억압되지 않는다. [적극적 자유]는 자기 사유 능력의 확대와 더불어 증대된다.

[소극적 자유]가 일반적으로 유한성을 특징으로 하는 것과 달리, [적극적 자유]는 무한성을 특징으로 한다. [적극적 자유]는 생명이 끝나는 날까지 영원하며, 생명이 지속하는 한, 활동을 계속한다.

[적극적 자유] 소유자는 자유의 고통스러움을 인식하는데 그 근원이 자유 속에 있는 불확정성의 원리 때문이다. 백 년 전부터 불확정성은 우리를 괴롭혀 왔다. 19세기 말, 어느 철학자의 저서 니체(Friedrich Nietzsche), 권력에의 의지 에서, 벌써 이렇게 말하고 있다. [우리

빗 속에서

청년 마음에 거슬리는 대붕괴 시대가 오고 있다. 우리는 어느 하나 확실한 토대 위에 서 있지 않으며, 엄격하게 자기를 믿는 일도 없다. 사람들은 내일을 위해 살지만, 그것은 모래가 의심스럽기 때문이다.] 적극적 자유의 고뇌를 극복하기 위해서는 냉철히 나를 가라앉히고 삶의 불확정성을 관통, 투쟁해야 한다.

- 투쟁과 행동 없는 자유는, 12살 소년도 불가함을 이미 알고 있다.

- 자유의 확실성을 타자(他者)는 보증하지 않는다. 그는 자기 자유도 지키기 바쁘다.

자유로움 속, 사고는 고정되지 않는다. 어떠한 위대한 철학자도, 무한한 자유로움 소용돌이 속에서 [자신의 고뇌 속에서 탄생한 고유한 사유가, 계속되는 자기와 타자(他者)의 자유 의지적 투쟁으로 끊임없이 파괴됨]에 괴로워하지 않을 수 없다.

우리가 목숨을 걸고 투쟁해 왔던 자유에 대하여 정확히 인식하고 있는가. 만일 그것이 [소극적 자유]였다면 이제, 그로부터 즉시 이탈하여, [적극적 자유]를 위한 투쟁을 처음부터 다시 시작해야 할 것이다.

나를 가라앉히다

빗 속에서

우리가 원했던 것은 [적극적 자유]인가. 우리는 불확실성에 기인한 불안에서 자신을 지킬 수 있을 것인가. 우리는 [적극적 자유]를 위해 우리 모든 것을 던질 준비가 되어 있는가.

- [적극적 자유]를 위해 투쟁하는 이유는 [소극적 자유]는 타자(他者)의 불합리에 의해, 모든 것이 한 순간, 무너지기 때문이다. 우리 인간은 힘의 균형이 이루어져 있어야, [인간적임]을 잃지 않는다.

- 우리 철학은 결국, 힘의 균형을 지향하는 것으로 수렴한다.

69. 적극적 자유에의 방해물

가을 소나기로 깨끗이 씻은 수목이 뿜어내는 향긋한 나무 냄새가 난다. 영혼을 해치는 세상으로부터 조금 벗어난듯한 느낌이다. 자신을 드러내지 않고는 잠시도 살아가기 어려운 우리 삶 속에서, 신(神)이 알고 내가 알면 되는 수목(樹木)과의 대화는 지친 마음을 달래준다. 그에게 우리가 자유로운지 묻는다. 그는 우리 행동 대부분을 자유의지라고 답할 것이다.

[노동과 가난, 고난 속에서 우리는 자유로울 수 있는가.]

우리 인간의 [적극적 자유] 성취를 위한 자기 투쟁 과정에서 나타나는 피할 수 없는 어려움은 배고픔과 추위로부터 자신을 보호하기 위한 [외부 요인 극복]이다. 우리는 이를 위해 [적극적 자유] 일부를 어쩔 수 없이 포기해야 한다. 그러나 반드시 [적극적 자유]를 성취하고자 하는 자는 이 [자유로부터의 역행 과정] 또한 최선을 다해 수행해야 한다. 숭고한 [자유에의 의지]가 꺾이지 않도록.

인간 기본 생리적 욕구가 자신에게 구속력으로 작용하지 않도록, 반드시 자기 시대에 맞는 적절한 노동은 기꺼이 감수해야 한다. 지나치게 부지런한 자는 대부분 자유로울 수 없으나, 게으른 자

빗 속에서

또한, 절대 자유로울 수 없다.

진정한 자유정신을 갖기 힘든 것은 자유로움에의 방해꾼들이 너무 많기 때문이다. 욕망(재물, 권력, 명예) 해소에 바쁜가. 감정(사랑, 우정, 미움, 분노, 슬픔) 해소 때문에 자유를 생각할 여유가 없는가. 이들이 자유를 방해하는가. 우리가 열심인 것은 내가 아닌 것을 위해서 아닌가. 우리는 거짓 존재 “나”가 아닌, 실존 [나]를 위해 해야 할 것을 찾는다. 그리고 만일 그것을 찾게 된다면, 다른 의미 없는 것은 돌아볼 시간이 별로 없을 것이다.

지금 가난하여 부자유를 느끼는가. 그것은 오해이다. 부자는 부를 유지하는데 시간을 허비한다. 그리고 더욱이 나쁜 것은 그는 부를 소비하느라 시간을 다시 허비한다. 자유롭기 위해 가난에서 벗어나야 한다는 생각은 오해이다. 단정하게 입고, 소박하게 먹고, 편안히 쉴 장소만 있으면 가난을 탓할 필요 없다.

지금 부자유를 느끼는가. 과거 때문에 자유롭지 않은가, 미래 때문에 자유가 억압되는가. 과거를 돌아보고, 미래를 설계하는 것에 많은 시간을 쓰는 것은 어리석은 자가 하는 짓이다.

나를 가라앉히다

빗 속에서

우리, 자유로운가. 그렇다면 위태로운 것이다. 자유 존재 투명성이 드러나, 사람들이 좋아하지 않는다. 우리를 볼 수 없기 때문이다. 고독감을 극복할 자신이 없으면, 자유를 향해 떠나지 말라. 고독 속, 위험을 감수할 수 있을 때까지, 자유를 향한 항해는 너무 서두르지 않는 것이 좋다.

우리는 자유롭지 않다. 미래 때문에 두렵다. 이 두려움은 자유를 방해한다. 욕망으로, 감정으로 자유롭지 않다. 우리, 자유로운 자가 있는가. 어떤 권력자도, 재력가도 자유롭지 않다. 누가 자유로울 수 있는가. 의심할 바 없이, 실존할 수 있는 자(者)만 자유를 누릴 자격이 있다.

나를 가라앉히다

70. 문명의 발전과 인간의 겸손

[문명의 공과는 무엇인가. 삶의 편리성은 과학 문명으로 개선되겠지만, 편리성 개선이 우리 삶에 그렇게 중요한 것인가.]

무한 공간 속, 무한 존재에 대한 이해에서, 우리는 이성을 선택했다. 이성적 사고는 이제, 전 인류를 지배하게 되었으며, 이성적 과학 문명이 인류를 지탱시켜줄 듯 수용되고 있다. 우리는 [자기 사유 의지 축소]에 의해, 철학으로부터 과학을 분리하는 데에는 어느 정도 성공했지만, 이로 인해 보이지 않는 인류 파멸 전조에 대해서는 침묵하고 있다. 우리는 복합 사유 통합 능력에 한계를 느끼고, 단순 명료한 데카르트(René Descartes), 방법서설 것만을 택했다. 이에 따라 교양인에 대한 판단 기준도 우습게 변화했다. 단순 명료하게, 그리고 알기 쉽게 지식을 알려주는 자가 교양인이 되어 버렸다. 이는 20세기 말 철학 사조부터 더욱 심각해졌다.

과학 문명적 성공과 풍요로운 물질적 발전에도 불구하고 인류의 상대적 비참함이 20세기 이후 더욱 증대된 원인을 분석해보면 이는 [과학 문명 변화를 수용할 수 있는 인간 사유 능력 부재]에 기인한다. 우리는 과학 발전에 만족, 인간에 대한 겸손함을 잃어버렸고, 그로 말미암아 과학 발전과 문명 또한 [인간 사유 의지 결과]라는 사실조차 망각하고 있다.

빛 속에서

태생적으로, 잘못된 교육으로 그리고 개인적 탐욕과 권력욕으로, [겸손의 문]을 열지 못하는 자를 우리는 그대로 인정해서는 안 된다. 아니, 우리 모두 이제 그만 멈추어, 천천히 삶을 가라앉힐 것을 제안한다. 과학도, 문명도, 발전도 모두 필요 없다. 우리는 시간이 필요하다. 우리 역사가 항상 그렇듯이, 너무 오래 방치하면 변화 능력을 상실한다. 오만함을 느끼면 주의하는 것이 좋다. 반대로 우리에게 겸손과 수용의 문이 열려있다면, 우리가 미래 삶에서 얼마나 중요한 존재인지 잊지 말 일이다.

우리 삶이 파괴되고 있다. 파괴적 행동에 사람들 자유가 위축된다. 미래가 위태롭다. 우리 삶 속에서 믿음과 따뜻함이 사라지고 있다. 우리 모두, 하나의 낙오자도 없이, 아름답고 평온하고 자유로운 삶을 성취하려면 무엇을 해야 하는가. 우리 삶은 그렇게 풍요로울 필요도 없고, 너무 멋스러울 필요도 없다.

물건을 팔기 위한 저속한 장사꾼 [사기술(詐欺術)]에 우리 민중은 너무 쉽게 넘어간다. 사기꾼이 선동하는 화려하고 사치스러운 삶 그리고 세련되고 멋스러운 주인공이 되지 않아도 우리, 상관없지 않은가. 냄새나지 않는 옷을 입고, 먹을 것을 구걸하지 않는다면, 우리는 모두 평등하다. 우리는 이제 [사기술]에 더 이상 넘어가지 않을 것이다.

나를 가라앉히다

[삶의 파괴] 우리 비참한가. 우리는 행복한 삶을 살고 있지 않은가. 미래 행복한 삶에 대한 환상으로, 현재 비참하게 살고 있지 않은가. 비참을 벗어나기 위해, 더욱 비참해지지는 않는가. 이는 벌써 2,000년 전에 장자(莊子), 어부편(漁夫編) 경고되지 않았는가. 이대로라면, 미래 행복한 삶은 영원히 오지 않을 것이다. 삶의 파괴를 막기 위해, 우리는 겸손해야 하고, 너무 멀리 가지 말고, 이제 그만 멈추어야 한다. 이제 편리성을 위한 노력은 그만하고, 자신만을 위해 과도한 구(求)함 속에서 살고 있지 않은가 돌아보아야 한다.

- 타자(他者)가 보이려면 차분히 나를 가라앉혀야 한다. 타자가 보여야 비로소, [나]도 보인다.

71. 시간으로부터 자유로운 존재

[존재의 투명성이 무엇이고, 투명하게 되기 위해 무엇을 해야 하는가.]

사물의 운동 · 변화 [원리]에 대한 탐구는 결국 운동 · 변화 [원인]에 대한 탐구이다. 즉 존재 변화 원리를 사유함으로써 변화 원인을 밝히는 것이다. 변화 원리 인식은 인간 삶을 다양하게 변화시켜왔으며, 미래 또한 이 변화 원인 파악(인식)을 통하여 변화할 것이다. 그러나 사물 변화에 대한 원인 탐구는 사물 자체에 대한 본질 탐구로부터 우리를 이탈시킨다. 우리는 행성 움직임 원리 (힘의 법칙, 중력의 법칙, 인력의 법칙)에 대하여 인식함으로써, 우주 원리를 파악한 것처럼 오해한다. 그러나 왜 두 사물 사이에 인력이 작용하는가에 대한 근원, 원리 자체에 대한 근원 탐구에는 크게 관심이 없다. 그것은 우리가 알 수 없고, 신이 주관하는 것이기 때문에, 원래 그런 것으로 가정하고 더 이상의 사유는 포기한다.

사물을 구성하는 것이 원자이며, 그 원자 속에서 전자 등 다양한 소립자가 존재하는 것을 발견하고, 사물 근원 본질을 파악한 것처럼 생각하지만, 그 미립자 존재 근원에 대해서는 모두 무관심하다. 물론, [알 수 없음]이 무관심으로 가장하게 한 것이다.

우리가 아는 것 대부분은 존재 변화와 그 동적 거동에 국한한다. 즉 [시간에 따른 변화]가 모든 논리 전개 전제로 작용한다. 시간으로부터 자유로운 존재, 시간에 따라 변화하지 않는 존재는 우리 관심 밖이다. 그러나 우리 목표는 이것을 찾아내는 것이다.

[개들에게 먹이를 던지면 먹이를 쫓는다. 그러나 사자에게 먹이를 던지면 사자는 먹이를 던지는 자를 덮친다.]는 잠언(箴言)처럼, 우리는 존재 근원을 찾는다. 우리는 변화하지 않는 존재를 탐구한다. 우리는 변화하지 않는 정신을 탐구한다. 그것이 우리가 찾는 [존재]이다. 그것이 우리가 찾는 실존(實存), [나]이다.

변화가 없기 위해서는 시간으로부터 자유로워야 한다. 변화가 없으려면 존재가 없어야 한다. 존재가 보이지 않고 투명해야 한다. 보통 우리는 삶과 죽음의 경계에 도착해서야 존재 투명성을 인식한다. 우리 [나]는 육체를 빌리기는 하지만, 그것이 존재 [나]는 아님을 인식한다. 이때, 비로소 투명해진 [나]를 발견한다.

시간과 감각에서 벗어난 우리 [실존]은 투명하다. 우리는 살아서도 죽어서도 변화하지 않는 그 무엇을 탐구한다. 그는 최소한, 우리가 살아서 추구하는 육체와 관련된 것은 절대 아니다.

빗 속에서

투명하기 위해서는 우리를 불투명하게 하는 실체에서 벗어나야 한다. 실체화는 물(物)의 구분으로부터 시작한다.

시간으로부터 자유로운 존재는 무한 수명을 가진 존재가 아니라 시간에 무관심한 존재이다.

자기 존재 시간을 늘리기 위해서는 물리적 시간을 유지하려는 노력보다 심리적 시간을 늘리는 것이 조금은 현실적이다.

시간 조망은 균형이 필요하다. 과거를 돌아보는 시간과 미래를 생각하는 시간이 비슷할수록 조금 더 현명해질 수 있다. 그 균형이 깨지면 시간도 기우뚱거린다.

시간은 원래 투명하고 공기도 투명하고 물도 투명하다. 나무, 땅, 바위는 불투명하다. 둘 차이는 [자유의 정도 차이]이다.

존재가 항상 투명해지기는 어렵다. 그래도 가끔은 가능하다.

나를 가라앉히다

빛 속에서

우리는 사물의 운동 변화 원리로부터 시작하여, 존재 근원 그리고 투명성, 탐구 목표인 실존 [나]에 대하여 사유한다. 이해만으로는 소용없다. 우리가 원하는 것은 실존 [나]를 직접 체험하는 것이다.

이제 밤이 되었고 가을 산에서의 밤은 생각보다 춥다.

72. 절대 존재의 탐구

[존재, 존재 근원, 그리고 존재 탐구 목표는 무엇인가.]

사물의 근원을 설명하기 위해 절대 존재, 절대신(絶對神)을 도입하면, 이로부터 존재 근원 탐구를 시작할 수 있다. 물(物)을 근원이 없는 절대 존재(神)에 의해 창조된 것으로, 즉 모든 물(物)의 근원이 절대신으로 사유한다면, 근원이 없는 절대 존재란 무(無)로부터 창조된 유(有)의 개념이 될 것이다. 이는 우리 인간 사유로는 인식(認識)되지 않는다. 반대로 만일 절대 존재가 근원이 있다고 사유하면, 2차·3차적 절대 존재가 필요하고, 무한 절대 존재 추적, 순환을 피할 수 없다.

그러나 인간 일반 사유를 전제로 하는 한, 우리는 무한성을 사유할 수 없다. 즉 존재의 새로운 상위 창조자를 무한히 연속적으로 사유하더라도, 죽음으로 사유가 끝나는 순간, 절대 존재(창조자)는 무한으로부터 이탈한다. [존재 무한 사유 불가성]

그러므로 한 인간이 사유할 수 있는 존재 근원은 유한하다. 따라서 [존재 근원] 사유에서 시간 유한성은, 근원이 없는 절대 존재로서의 [존재 근원]과 대립한다. 이는 전술한 바와 같이 인간 사유로는 도달할 수 없는 무(無)로부터 창조된 유(有)의 문제로 귀착된다. 이처럼 근원이 있는 존재도 계속 그 근원을 사유, 추적한다면, 결국 근원이 없는 절대 존재(神)로부터 창조된, 즉 무로부터 유로 창조된 존재를 사유할 수밖에 없다.

그러므로 존재 무한 근원은 유한 수명을 가진 인간 사유(思惟)로 도달할 수 없다. 이제, 존재 근원을 사유하기 위해서는 유한 수명을 가진 인간 사유 공간을 넘어서야 한다. 존재는 유한 인간 사유 공간을 초월 함으로써 비로소 근원이 없는 절대 존재로 현시(顯示)될 것이다. 이것이 물(物)에 대한 근원 탐구 시원(始原)이다. 우리는 절대 존재 탐구를 위해, 유한 인간 사유 공간을 기초로 하는 시간 유한성을 뛰어넘을 수 있을 것인가. 그리고 이 철학적 사유가 우리에게 어떤 가치를 제공할 것인가.

우리는 존재에 대한 사유가 이상적 [절대 자유]를 제공해 줄 것을 기대한다. 인류 역사상 우리 인간이 발견한 최대 가치는 [자유]이다. 비록 지금, 우리 자유가 크게 왜곡되고 있다 하더라도, 우리는 이를 바로 잡고, [존재 중심 자유]를 추구할 것이다. 우리 목표는 이것이다. 잊지 말 일이다.

그리고 우리가 모두 절대적으로 자유롭게 되는 날, 우리 궁극 목표가 실현될 것이다.

[최대 다수에게 최대 자유를.] 오랫동안 깊은 사유가 필요하다. 우리는 모두 각각 큰 짐을 가지고 있다. 그것이 무엇인지 잘 생각하여, 우선 그 짐을 던져 버리는 것이 자유를 위한 시작점이다. 혼자만 자유로운 것은 불가능하다. 자유는 타자(他者) 모두와 함께하는 것이다.

우리는 오랫동안 생각할 것이다. 근원 없는 절대 존재가 무(無)에서 유(有)로, [절대자 또는 절대적인 사건]에 의해 갑자기 생겨날 수 있는지에 대하여 사유한다. 근원이 없는 절대 존재에 대하여 천천히 사유한다. 그리고 우리는 존재 근원 순환에 대하여 생각한다. 근원이 없는 절대 존재는 존재하지 않으며, 이미 중간 근원으로 도출된 다른 존재가 화합물 고리의 순환처럼, 절대 존재 근원으로 1차 작용한다.

존재는 끊임없이 실존 [나]를 사유하게 한다. 우리 짐은 무엇인가. 그 짐은 우리 각자만 알 수 있다. 향기롭고, 맑은 정신을 위하여, 우리는 짐을 버린다. 우리가 깃털처럼 가벼워질 때, 바람을 타는 독수리 같은 [절대 존재] 모습이 드러날 것이다. 우리 오랜 철학 목표, [인류 최대 다수에게 최대 자유]를 주기 위해, 삶을 조금씩 가볍게 변화시킨다.

우리 자유는 분명히 소수에 집중되어 있다. 그들은 타인의 자유를 빼앗아 자신의 자유를 성취하려 한다. 불가능하고 어리석은 일이다. 우리는 소수에 집중된 자유를 모두에게 공평하게 나누기를 기대한다. 그리고 이를 위해 끝까지 사유하고 투쟁할 것이다. 이는 물론, 철학 일반 목표이다.

평등한 그리고 마치 하나같은 존재의 실현, 이것이 [절대 존재] 이상(理想)에 가깝게 다가갈 수 있는, 우리 인간이 할 수 있는 유일한 방법이다.

73. 연약한 철학

산속 밤은 차갑다. 조금 찌그러진 달빛으로 가을 단풍이 드러난다. 단풍은 나무 끝에서부터 시작된다. 나무 중심부는 아직 녹색 여름 색이 남아 있다.

[우리 철학은 누구를 위한 것인가.] 인간 특성은 매우 다양하므로 그들 모두를 만족하게 할 수는 없을 것이다. 우리는 오랫동안 소수를 위한 철학을 생각해 왔다. 모두를 위한 철학은 존재하지 않을 것으로 생각했기 때문이다. 철학 역사적으로도 비슷한 생각을 했던 위대한 철학자가 적지 않다. 하지만 우리는 이제 변화한다. 가능한 모두를 만족 시킬 수 있는 철학을 사유한다.

오랫동안, 연약한 자를 위로해주는 나름대로의 철학은 계속 유지되어 왔다. 어느 시인은 칼릴 지브란(Kahlil Gibran), Procession 이렇게 관조한다.

자연 속에 죽음은 없습니다.
사월의 잎 떨어져도 기쁨의 선물 떠나지 않고
단 한 번 봄을 살면 영원히 살리니
피리를 주세요. 노래를 부르세요.
노래는 은근한 그늘이 되어
꿈들이 아련하게 사라져 가면
서러운 피리 소리 남게 됩니다.

그의 후렴 속에서, 자기 무력감에 대한 절망과 자신의 울타리를 벗어나지 못하는 현 우리 세대 특징을 볼 수 있다. 우리 시대 학자는 연약한 자에게 필요한 나름대로의 철학을 가르치고 있는지도 모른다. 더욱 어려운 것은 철학을 동화(童話)화 함으로써, 사유 불분명성을 감추는 작가들이 너무 자주 눈에 뜨인다는 것이다.

행동하고 투쟁하지 않는 철학은 9살 소년의 연약함과 크게 다르지 않다.

주의할 것은 이와 같은 연약하고 불완전한 울타리 안 철학에 빠진 자는 스스로 그 울타리를 벗어나기 위해 노력하기보다는 그 울타리를 좀 더 견고하게 쌓는 데 힘을 쏟게 된다는 것이다. 자기 생각이나 철학에 집착하거나, 깊이 사유하는 연습이 부족하다면, 우리 대부분 이 울타리를 벗어나기 어렵다. 가능하다면, 우리는 이 울타리를 부수어 주거나, 그럴만한 가치나 시간이 없으면, 돌아가는 것이 좋다. 자기 울타리를 높이 쌓을수록, 그만큼 더 많은 사람이 그를 돌아갈 것이다.

철학은 우리 인간 생존 문제이다. 불충분하고 연약한 철학에 맡길 유희 문제가 아니다. 철학을 [삶을 치장하는 장식]쯤으로 생각하는 자를, 우리 삶을 인도하는 자로 오해하지 말 일이다.

빛 속에서

철학을 지나치게 장식적인 시화(詩化)나 은유적 동화화(童話化) 하지 않는 것이 좋다. 사람들뿐 아니라 자신도 불명확해진다.

철학은 특정 대상을 목표로 하는 것이 아니다. 특정 철학에 맞추어 사람들이 그것을 선택하는 것이다. 자기 철학과 사유 깊이에 따라, 그만큼의 사람에게 의미를 줄 것이다. 만일, 자기 철학이 절대적이라면, 모든 인류에게 평등적 자유를 주는 철학이 가능할 것이다. 우리는 모든 사람을 위한 철학을 목표로 한다. 그것이 가능한지 불가능한지는 나중 문제다.

유약함은 사람들을 유혹한다. 자신도 유약하고 사람들도 유약하므로, 일반적으로 우리는 유약함을 좋아한다. 이것은 철학 초보자가 넘어야 할 산이다. 어린아이처럼 연약하게 철학을 만들지 말 일이다. 시적 표현은 철학자를 유혹한다. 자기 철학적 사유 불완전성과 오류를 타자(他者)의 무지로 교묘하게 돌릴 수 있기 때문이다. 이는 철학 초보자에게 치명적 독으로 작용할 것이다.

민중을 자기편으로 하려면 약함을 보여서는 안 된다. 그들이 따르는 것은 모두를 지켜 줄 강자이다.

나를 가라앉히다

빗 속에서

우리는 가을 산속 바람 같이 차갑고 강하고 직설적인 표면으로 자기 생각과 철학을 표현해 나갈 것을 권유한다. 유약함과 시적 유혹을 견디지 못하면, 자신도 자기가 무슨 이야기를 하는지 알 수 없어질 것이다. 우리는 철학 대상 특정을 부정한다. 지금 우리 철학은 어디까지 진전하고 있는가. 우리는 단지 몇 사람이라도 설득할 수 있는가.

- 강함과 수용력은 비례한다. 수용은 자신을 가라앉혀 충분한 공간이 있어야 가능하다. 우리는 강자를 원한다.

74. 위대한 철학의 탄생

[무엇이 우리 철학인가. 자신만의 개별 철학이란 무엇인가.]

우리 시대 유약한 철학자는 자신의 철학을 통해 사람들 사유 범위를 확대해 주기에는, 자신의 힘이 부족함을 느끼기 때문에, 오히려 사람들에게 공감되는 부분을 찾아내어, 그들을 즐겁게 하는데 노력한다.

철학조차 민중의 호감에 의존하는 가볍고 경쾌한 수필로 전락해 버렸다. 사람들은 일반적으로 자신의 사유 범위를 넘는 인식에 대하여는 저항하며, 이 저항은 자기 사유 세계에 대한 보호 본능이다.

우리는 자기 생각 즉 인간 일반으로서 자기만의 타당한 원칙을 지키려는 강한 의지를 갖고 있다. 그리고 이에 반하는 거의 모든 철학은 우리 위치를 위태롭게 하고, 파괴하려는 의도로서 우선 해석한다. 자기 사유와 반하면, 자기와는 관계없고 무의미한 사유전개로 생각하며 철저히 배척한다. 반면 자기에게 공감되고, 자기 사유 영역 내에서 전개되는 철학에 대하여는 열광하며, 그것이야말로 바로 삶의 진리를 대변하는 것처럼 생각, 다시 한 번 스스로 자기 철학을 다짐한다.

사람들의 또 다른 특징은 자신들이 모두 철학적으로 이미 무장되어 있으며, 그 사유는 어느 누구에 의해서도 깨뜨려질 수 없다고 생각한다는 것이다. 물론 외면적으로는 철학적 사유에 대하여 자신은 문외한인 것으로 가장하지만, 그들은 자기 사유를 뛰어넘는 사유 세계에 부딪히면 처음에는 당황하는듯하지만, 곧바로 그것은 당연한 것이며 이미 자기 사유가 포괄적으로 인식하고 있었던 사실인 것처럼 위장한다.

이 같은 위장술은 사람들과의 소통 속에서 그들에게 새로운 사유 세계를 전개시켜 그들을 인도하려는 의도를 가진 성실한 철학 초보자들에게 당혹감을 안겨준다. 그러므로 사람들이 자기 울타리 속에서 자신을 지키려는 성향을 무너뜨리게 하고, 그들에게 진정으로 사유 세계 확대를 인도하기 위해서는, 초보적 철학자는 어느 정도 심리학에 관심을 가질 필요가 있다.

그러나 사람들은 이 같은 배타적 사유 세계를 가짐에도 불구하고 그들보다 월등히 우월하다고 생각되는 자(者)나, 그 사유에 대해서는 예외적으로 무비판적이며 또한 긍정적이다. 사실, 인간 일반은 자신이 따를 수 있는 강력하고 월등한 지도자를 열망하기 때문이다.

그러므로 철학자로서 사람들 사유 세계에 자기 철학을 심고자 하는 자들은 사람들의 호감을 살 수 있는 타협적이고 가벼운 사유를 선택하거나, 그것이 싫다면 사람들 모든 사유를 포괄적으로 통합하고 초월할 수 있는 [강력하고 위대한 철학]을 발견할 때까지, 그리고 자기 사유 영역을 끊임없이 확대해 사유 통합을 완성할 때까지 자기 능력을 계속 키워가야 한다.

위대한 철학의 탄생은 하늘이 부여한 천재적 능력을 갖지 않는 한, 우리 인생 젊은 시절 대부분의 시간이 필요하다. 누군가 하얀 머리카락이 보이기 전에 자신의 철학이 완성된 듯이, 자기 생각을 자신 있게 가르친다면, 그것은 대부분 거짓이라고 생각해도 된다.

사람들에게 자기 생각을 이야기하여, 그들을 자기 생각과 비슷하게 할 수 있다고 생각하면 오해이다. 이런 생각을 가지면 영원히 자기 철학을 완성하지 못할 것이다. 우리가 자기 철학을 탐구하는 것은 그를 통하여 사람들이 그들 각자 자기 철학을 완성하도록 도와주기 위해서이다. 그들의 철학은 우리, 그리고 타자(他者)의 철학과는 완전히 달라야 한다. 만일 같게 할 수 있다면, 아직 그는 어린

아이일 뿐이다.

위대한 철학은 우리와 무관하게 이미 정해져 있다. 우리가 각기 다른 여정에 있을 뿐이다. 자기 철학이란 없다. 위대한 철학 절대 철학이 있을 뿐이다. 자기만의 철학이라고 생각되는 철학이 있다면 그것은 이미 아류(亞流)이다. 위대한 철학은 정해져 있고, 우리 공간 속에 이미 가득하다. 우리는 그것을 발견할 뿐이다. 독창적 철학 해석이라는 표현을 쓸 수는 있겠지만, 그것을 자기 철학이라고 자랑하지 않는 것이 좋다.

자기 철학은 원래 없는 것인가. 위대한 철학은 새롭게 창조되는 것이 아닌가. 그렇다면, 나를 천천히 가라앉히면, [절대 철학] 그것은 드러나는가.

75. 미(美)의 본질

검은 하늘에 금빛 점이 무수히 있다. 크기도 밝기도 다르다. 아마 움직임도 다를 것이다. 그들은 태양과 같이 뜨겁겠지만 차갑게 보인다. 뜨거움과 차가움, 어느 것이 진실인가. 그들은 아름답다. 그 아름다움의 기원은 무엇인가. 그러나 아름다운 별에 선을 그어, 그림을 그리고 우리 인간 상상력을 자극하는 이야기로 별을 인간화하면, 아름다움은 사라지고, 단지 이야기만 남는다. 별은 별대로 내버려 두어야 할 것이다.

[아름답다는 것은 무엇을 말하는가.]

미(美)의 본질에 대하여 탐구하는 것은 누구에게나 주목을 끄는 일이다. 그러나 우리는 여기서 간과해서는 안 되는 미적 개념 혼돈이 존재한다는 것을 인식해야 한다. 유럽의 한 철학자 칸트(Immanuel Kant), 순수 이성 비판가 [필연적 사고]와 [보편성의 부정], [무관심적 만족]으로 미적 본질에 대하여 기술한 것은 어느 정도 보편 타당성이 있는 듯하다. 즉, 대상에 대한 이해로서 필연적으로 발생하며, 보편적 개념으로는 기술 불가능하고, 미적 가치 이외 것에 대한 무관심의 선행이 필요하다는 것이다. 그러나 그는 미의 본질에 대해

[순수한 본질적 미]가 아닌, [개념적(관념적) 미]로 그 본질을 탐구한 과(過)를 범했다.

[개념적 지식]이라 함은 문장 내용과 인간 상상력으로 구현되는 지식이다. 이는 우리 인간 상상 속에서 가능하나, 실제 우리 삶 속에서 그것을 성취하려면, 무언가 또 다른 과정이 필요한 교과서적 지식과 같은 철학을 말한다. 그러나 우리는 보통 이것을 안다고 생각한다. 안다는 것과 실제로 그러하다는 것과는 다른 이야기이다.

- 우리는 아름다움(美)을 [도덕적 미], [욕구적 미], [존재적 미]로 분류한다.

[도덕적 미]는 도덕적으로 가치 있는 것을 아름다움으로 정의하는 것이다. 조금만 생각해도 오류라는 것을 알 수 있는 이 아름다움 개념이 현대사회에 있어 오히려 미의 절대적 권위를 차지하고 있다. 하지만 만일 도덕과 정의(正義)가 강자의 이익을 위한 수단이라고 가정한다면, 이 정의(正義)로부터 기원한 도덕적 미는 우리를 전율케 하는 개념의 전도이며, 우리는 반드시 미로부터 도덕적 본질을 제거해야 할 것이다.

빗 속에서

[욕구적 미]는 자신의 힘으로는 불가능한 상태를 미로 승화시켜 위안을 얻기 위한 수단으로 도입되었으며, 사람들에게 매우 유용하였다. 우리는 자신이 아닌 누군가가 이룰지도 모른다는 불안감으로, 이 미(美)의 상태를 불가능하게 만들기 위해, 그 본질을 추상화시켜 버렸다. [욕구적 미]의 병폐는 미를 불가능한 것으로 인식하도록 하여, 우리 인간을 아름답지 못한 인식 주체로 전락시킨다는 것이다.

[존재적 미]는 이와 같은 왜곡된 미적 요소를 가라앉혀, 미의 본질로부터 제외하면, 실존적·본질적 아름다움이 그 모습을 서서히 드러낸다. 우리는 아름다움으로부터 도덕, 정의, 욕구, 희망 같은 아름다움과 관계없는 것을 제외한다. 아름다움마저 탐욕스런 권력, 재력가들의 손에 움직이지 않도록 하려면 잊지 말 일이다.

[존재적 아름다움]이란 그가 존재함으로써 발생하는 아름다움이다. 그러므로 예외 없이 모든 존재는 아름다울 가능성을 가진다.

모든 존재는 아름답다는 것에 동의할 수 있을까. 우리 세상에는 셀 수도 없는 추한 존재로 가득하지 않은가. 우주 속 어떤 대상

(對象)도 하나뿐이다. 같은 것처럼 보이더라도 시간 함수를 고려한다면 같은 것은 하나도 없다.

- 단 하나뿐인 것은 아름답다거나 추하다거나 하는 개념이 필요없다.

하나뿐인데 무슨 상관이 있겠는가. 이것이 [존재론적 아름다움]이다. 우리는 말 할 것도 없이 하나뿐인 존재이다. 실존, 그 자체는 아름다움과 추함과 무관하다. 아름다움은 인간이 위조한 개념일 뿐이다.

- [존재적 미]는 아름답지도 추하지도 않은 상태이다. 중립적 존재를 아름답다고 정의한다면, 모든 존재는 아름답다. [평등]은 도덕과 정의로부터 자유로운, 존재론적 아름다움의 제 1 특성이다.

76. 미의 세가지 원리

[존재적 미의 특징은 무엇인가. 존재 대상(對象)이 아름답다는 것은 어떻게 알 수 있는가.]

미(美)의 기원으로부터 도덕적 관념과 욕구적(추상적) 관념을 분리하면, 미는 이제 우리에게 친근하게 다가오고, 우리가 바라보는 모든 것으로부터 미(美)의 가능성을 발견할 수 있다. 작은 연필 하나, 오래된 낡은 대문, 아름답지 못한 외모를 가진 자의 웃음, 헝클어진 책상 위 책들, 하얀 종이 위 파란색 글씨, 작은 풀잎에 맺힌 물방울. 도덕적, 욕구적 관념만 미에서 분리된다면 미는 모든 곳에 존재한다.

모든 물(物)에서 외형적 및 내면적으로 최고 상태를 나타내는 것으로 [존재적 미]는 인식된다. 미의 본질이 내면적인지 외면적인지 따지는 논쟁은 예술, 문학 그리고 미학의 끊임없는 논쟁거리이다. 그러나 미를 [절대적]으로 아름답다고 사유된 것이 [완전성]을 가지고 존재할 때 탄생하는 것으로써 인식하면, 미로부터 외면성과 내면성의 벽은 사라진다.

이 최고 상태는 인간 도덕적 관념과 욕구적 관념과는 무관하게 물(物) 자체로부터 인식되는 상태이다. 일체 모든 물(物)에 이와 같은 상태가 존재하고, 또한 새로운 존재로 재탄생을 위한 [가능성의 분출]이 내포되어 있다. 모든 존재는 그 자신이 절대적 아름다움을 가지고 있다.

도덕적, 욕구적 미(美)를 분리한 존재론적으로 기원(起源)하는 미(美)는 세 가지의 원리, [절대성의 원리], [완전성의 원리], [가능성의 원리]를 갖는다.

미는 [절대성]을 가질 때만 그 본래 의미를 잃지 않는다. [절대성의 원리]는 미에 대한 상대성의 비참함으로부터 우리를 탈출시킨다. 미가 상대적이라면 우리는 아무리 아름답다 하더라도 모두 언젠가는 아름다움으로부터 멀어진다. 우리는 상대성에 의해 비참하다. 타자(他者)보다 아름답지 못한 것에 좌절한다. 상대성 세계 속에서, 우리는 절대로 자신의 아름다움에 만족할 수 없다.

미는 [완전성]을 가질 때만 더 이상의 욕구로부터 자유롭다. 인간 욕구와 구함은 끝이 없어, 완전성이 성취되지 않은 미는 인간을 아름다움으로부터 즉각 추방한다. 이는 아름다움이 다른 접근 방법 기하학 또는 수학 같은 완전성을 가질 수 있는 학문, 방법 으로도 성취 가능함을 암시한다.

미는 [가능성]을 가져야 한다. 이는 현재의 불완전성을 의미하는 것이 아니라, 완전성에서부터 분출하는 새로운 완전성으로의 재탄생을 말한다. 예를 들면 여인으로서의 아름다움에서 어머니로서의 아름다움으로, 녹색의 아름다움에서 생명의 아름다움으로의 분출이다. 우리는 존재론적 아름다움을 여행한다. 그곳에는 영원한 평온함이 있을지도 모른다.

절대성, 완전성, 가능성을 모두 만족하려면, 그것이 무엇이든, 존재보다는 무(無)에 가깝다. 우리 정신이 투명해야 하는 이유이다.

우리는 아름다운가. 우리는 절대성을 가지는가. 우리는 완전성을 가지는가. 우리는 가능성을 분출하는가. 실존 [나]를 발견하면, 절대적 미를 소유할 수 있을 것인가. 존재의 아름다움을 탐험함으로 영원한 평온함을 얻을 수 있을 것인가. 이미 진리는 우리 삶 속에 가득하고 그것을 찾는 방법 또한 여러 가지이다. 절대적 아름다움을 발견하고, 나를 아름답게 하면, 결국 실존적 존재 [나]를 발견하는 것 아닌가.

모든 진리는 실존 [나]로 수렴한다.

77. 위대한 정신의 탄생

[우리를 이끌 위대한 철학, 절대 철학은 무엇인가. 그리고 누가 그것을 완성할 수 있을 것인가.]

인류 역사상 언제나, 우리 지배·권력자는 자기 주위로부터 철학의 탄생을 그대로 보아 넘기지 못한다. 그는 새로운 계급 탄생 즉 정신적 계급 탄생을 원치 않기 때문이다.

인류를 이끌어온 것은 [위대한 정신]이며, 이는 인간 인식과 삶의 세계 통치에 대한 방향을 제시하고, 모든 인간 사유 근원으로 작용한다. 즉 인간 모든 가치 기준은 이 정신의 인도에 따라 결정된다. 그러나 권력자, 재력가는 보통 이 사실을 인정할 수 없다. 이를 인정한다는 것은 [자기 위대성에 대한 환상]에 치명적이기 때문이다. 어리석은 환상에 빠진 그들은, 자기 힘의 근원이 일반 민중에 있다는 것을 간파하고, 그들 이익을 위해 일하는 것이 자기 최대 목표인 것처럼 위장하며, 그 일에 만족하는 것처럼 선전한다. 때때로, 권력자와 재력가는 어느 정도 성공하는 듯싶었을 것이다.

하지만 이상하게도 사람들은 이들 지배자를 존중, 존경하지 않는다. 사람들은 이 지배자와 자신과의 차이를 발견할 수 없기 때문이다. 이 지배자는 자신과 동일한 정신적 계급이었던 것이다. 사람들 존경심 부재를 파악한 지배자는 위엄과 장벽에 의해, 사람들과 자신을 분리하고, 자기는 인간 일반과 다른 계급임을 선포한다. 이 형식적, 물리적 위엄을 통한 일반 대중들로부터의 분리는 권력에 대한 두려움을 일부 성취할 수는 있다. 그러나 대부분 사람은 자기 머리 숙임을 강제하는 힘에 대하여, 결국 반감을 품고 돌아선다. 유감이지만, 이들 어리석고 탐욕스런 지배자는 [자기 어리석음]을 죽음의 그림자를 본 후에야 조금 알 수 있을 것이다.

우리는 위대한 정신 탄생과 진정한 지도자를 기다린다. 그리고 우리가 모두 그들이 되기를 기대한다. 이를 위해서 험하고 큰 계곡을 가진, 세 개의 험준한 산을 넘어야 한다. 우리 실존을 드러내는 [존재의 계곡], 우리 자유를 위해 투쟁하고 쟁취하는 [의지의 계곡] 그리고 우리 앎을 통합하는 [인식의 계곡]이다. 우리는 이들을 지나고, 이들에 대해 모두 자유로울 수 있어야 한다. 이들은 서로 엮여 있어, 하나의 계곡을 벗어나도 다른 계곡으로 빠져들어 갈 것이다. 이를 모두 통과할 때까지, 미로와도 같은 난해하고 복잡한 사유의 산맥을 넘어야 할 것이다.

거기에는 수많은 괴물이 우리를 노리며 기다리고 있다. 나, 타자(他者), 생명, 사물, 욕망, 기쁨, 분노, 슬픔, 즐거움, 감각, 쾌락, 안락, 생각의 괴물이 기다린다. 그렇다고 너무 겁먹을 필요는 없다. 용기와 간절함만 있다면, 우리가 넘지 못할 계곡과 산도 아니고, 아주 대적 못 할 괴물도 아니다. 대부분 겁쟁이는 경험한 적도 없으면서 짐작만으로 산으로부터 도망쳐 내려와, 그 험난함과 포악함을 사람들에게 허풍을 부리며 자랑한다. 그리고 누군가 가겠다는 용자(勇者)가 나타나면, 절대로 안 된다고 말린다. 비밀이 밝혀지기 때문이다. 그 헛소문에, 우리는 산 근처에 접근하지도 못한다.

위대한 정신은 미지의 산을 개척, 사람들을 산 너머 아름답고, 평온하고, 평등한 자유가 넘치는 세계로 안내할 것이다.

우리는 새로운 정신 계급으로 탄생, 사람들을 이끌 수 있을 것인가. 이는 권력 구조와는 무관하다. 우리는 단순 권력 구조 대표자를 우리 지도자로 인정하지 않는다. 우리는 왜곡된 자본주의를 인정하지 않는다. 우리는 왜곡된 지도자를 인정하지 않는다. 그는 지도자가 아니라 권력자, 집행자일 뿐이다.

우리는 마음속으로부터 머리 숙일 수 있게 하는 지도자를 원한다. 새로운 정신적 계급에 도달한 자는 사람들이 진정으로 그에게 머리 숙이게 하는 위대한 정신이 되기를 기대한다. 그런데 과연 우리는 위대한 정신 탄생을 그대로 보아 넘기겠는가. 우리 어리석은 시기와 질투심은 자신이 같이 파멸되더라도 그를 파괴하는데 열심일 것 같지 않은가. 이는 위대한 정신이 우리 인류 역사상 많지 않은 이유이기도 하다. 우리 민중의 이 두 가지 상반된 모순을 모두 만족시키는 것은 거의 불가능하다. 그러나 어렵더라도 우리 위대한 정신은 어느 하나만을 선택해서는 안 된다.

민중은 누구도 지도자로서 잘 인정하지 않지만, 그래도 뛰어난 지도자를 원한다. 우리는 타자(他者)가 무엇을 원하는지 깊이 침잠하여, 사유해야 한다.

78. 침묵의 효용

솔방울이 바닥에 군데군데 떨어져 있고, 이는 마치 땅으로부터 새로운 가지가 올라오는 것처럼 보인다. 산 저편, 달빛에 비추어진 구름과 검은 산은 우리가 어디에 있는지, 지금이 언제인지 잘 구분이 되지 않게 한다. 주변 덤불 위에는 밤을 잊은 잠자리 몇 마리가 날아다니며 그들의 자유로운 비행을 자랑한다.

[우리는 언제 자신이 새롭게 인식한 것에 대하여 타자(他者)에게 주장할 수 있는가.]

사람들은 자기 힘을 향상시킬 능력이 없을 때, 다른 자를 약화시킴으로써 자기 지위를 향상하려 한다는 것은 이미 주지의 사실이다. 이와 같은 그들의 경향은 철학 초보자에게도 그대로 적용된다. 그러므로 철학 초보자가 상처받지 않기 위해서는 고통 속에서 얻은 작은 진리를 섣불리 나누려고 해서는 안 된다.

철학 초보자는 그들에게서 떨어져 높은 산정에 올라, 완전한 사유를 이루기 전까지, 침묵의 바다를 반드시 건너야 한다.

묵언(默言)과 같은 수사적(修士的) 수행 방식은 자기 사유를 이야기하고 싶어하는 초보적 철학자에게 유익하다. 하지만 아쉽게도, 이 과정은 보통, 오랫동안 인고(忍苦)가 필요하기 때문에 침묵의 바다를 건너는 철학자는 많지 않다. 그는 자기보다 뛰어나 보이는 자도 그것을 건너지 못하는 것을 보고, 곧 포기해 버린다.

침묵은 자기 사유를 방해하는 원인을 제거한다. 침묵은 나를 가라앉히고 최소한 자기에게 집중할 시간을 제공한다. 침묵은 나로부터 [나]를 방해하는 소음을 발생하도록 하지 않는다. 침묵의 공과(功過)는 공(功)이 월등하다.

자신과 진리를 찾으려는 자는 사람들과 이야기할 시간이 그렇게 많지 않다. 우리는 침묵하는가.

79. 시끄러운 침묵

밤이 아주 깊다. 우리는 지금 평온한가. [우리가 즐겁고 행복하지 못한 이유가 무엇인가.] 사랑하는 사람과 같이 할 수 없는가, 좋은 집에서 살지 못함인가, 고가(高價)의 옷을 입어 자신의 재력과 감각을 자랑하지 못해서인가, 여러 사람으로부터 동시에 사랑받을 만큼 아름다운 모습을 가지지 못해서인가, 자기 능력 부족에 기인한 미래에 대한 불안 때문인가, 과거의 행동에 대한 후회 때문인가, 중한 병으로 다른 사람보다 30년 일찍 죽어서인가, 죽음으로 사랑하는 사람을 보지 못해서인가, 값비싼 물건을 사지 못해서인가, 육체적 고통으로 인해 즐거움을 생각할 여유가 없는가.

우리 모두, 자기 어려움으로 다른 사람 목소리를 듣지 못한다. 돌이킬 수 없는 상실을 겪은 자의 슬픔은 어떻게 회복할 것인가. 우리는 지금은 평온할지 모르지만, 상실과 슬픔의 시기가 있었거나 올 것이다. 우리 삶은 즐거움의 바다인가, 슬픔의 바다인가. 실존 [나]를 발견하면 이런 불가능해 보이는 문제의 답이 보이기 시작할 것인가.

[사람들과 서로 이야기함으로 얻는 것과 잃는 것은 무엇인가. 그리고 우리가 침묵해야 하는 이유(功)는 무엇인가.]

사유 세계에 깊이 몰입하여 자기 사유 공간 세계를 성취한 자에게서 느껴지는 것은, 그 눈빛으로부터 발산되는 접근하기 어려운 숭고함이다. 우리는 그 눈빛을 만난 경험이 있는가. 이 사유자(思惟者)는 침묵하며 또 침묵한다. 이를 통해 사유 불완전함과 혼란을 발생시키는 언어 장애를 극복한다. 그가 침묵을 깨는 것은 자기 사유와 언어 불일치를 비로소 극복했을 때이다. [사유 속에서 아는 것]과 그것을 [말로 정확히 표현하는 것]과의 불일치를 극복하는데, 보통 [10년의 침묵 시간]이 필요하다고 생각하면 크게 틀리지 않는다.

그가 침묵으로부터 깨는 것은 그 사유를 수용할 수 있는 능력이 있는 자에게 국한한다. 그러므로 그의 침묵을 깨고 대화를 원하는 자는 깨어나 있어야 한다. 이를 위해, 침묵하고 있는 [내적 정신의 오류 없는 발산]과 외적 사유 수용을 위해 [자기 사유를 가라앉히는 침묵 과정]을 충분히 거쳐야 한다. 그렇지 않으면 숭고한 자의 소리가 들리지 않는다. 우리는 자신이 들으려는 말만 듣기 때문이다.

우리는 많은 말을 하고 있으며, 또한 많은 사람을 감동시키고 있다고 착각한다. 그러나 깊은 사유자 즉 인식자는 그에게서 아무것도 들을 수 없다. 그것은 단지 단어 집합체, 혼란스런 소음일 뿐 그 이상도 이하도 아니다. 그는 자기 독립적 사유가 아닌, 일반적 사유를 (타자(他者) 일반 생각) 말하는 데, 이미 익숙해져 있다. 또한 자신의 이와 같은 [일반 사유화] 경향을 인식하지 못하고 있기 때문에, 이로부터 벗어나려는 시도조차 하지 않는다.

[일반 사유화]는 자기 사유와 일반 사유를 일치시키고, 불일치된 사유는 자기 사유로부터 제외하는 것이다. 이 현상을 겪는 자는 자기 사유 세계에 대체로 만족해한다.

우리는 열심히 말하고 있다고 생각하지만, 타자(他者)에게는 소음만 들릴 뿐이다.

우리가 자신의 시끄러운 침묵 상태에서 벗어나기 위해서는 자기 사유 세계로의 철저한 복귀가 필요하다. 이때 침묵은 확실히 유익하다. 사유가 언어화되면 고정되기 쉬우며, 고정된 사유 극복에는 많은 노력과 시간이 필요하다. 침묵은 불필요한 언어화를 막아준다. 말은 자기 생각과 철학을 고정 시킨다. 그러므로 자신의 사유와 철학이 소중할수록 침묵의 시간을 길게 가져야 한다.

침묵의 유용성은 힘의 낭비를 막아준다는 것이다. 침묵은 자기 사유를 완성하여 이미 통합의 과정을 거친, 더 이상 이야기하지 않아도 되는 부분에 대하여, 불완전한 사유를 가진 철학의 초보자와의 또 다른 반복적 통합 과정을 생략시킨다. 그리고 그 과정에서 발생하는 언어의 낭비로 인한 힘의 소모를 막아준다.

침묵은 자기 생각을 가라앉혀 자신을 투명하게 해준다.

말하는 자는 투명하지 않다. 개념으로 사유가 물들기 때문이다. 하지만 오해는 하지 말아야 한다. 아무 생각 없는 침묵은 나태한 해태 굴속에서 헤어나오지 못하게 할 뿐이다. 오래 사유하고 침묵해야 한다. 꼭 말해야 한다면 자기 사유를 혼란 시키지 않는 확고한 신념으로 무장된 이야기만 하는 것이 좋다.

우리는 자신만의 사유 통합 과정과 원리를 알아내고, 통합을 성취하려 한다. 통합 사유 원리 인식은 모든 사유자 개개인 사유 작용에 의해서만 가능하다. 그러므로 우리가 침묵의 바다를 건너 알게 된 진리라고(통합 사유) 하더라도 타자(他者)에게는 도움이 되지 않는다. 이는 사유 통합을 위한 인도자 역할에 반(反)하는 것이기도 하다. 자신의 [시끄러운 침묵] 상태에서 벗어나기 위해, 가장 필요한 것 중 하나가 바로 [고요한 침묵]이다.

80. 인식의 투명성

달은 아직도 지치지 않고 우리를 비추고 있다. 바람 방향이 바뀌는 것 같다.

[나를 가라앉히고, 투명성을 가질 수 있는 방법은 무엇인가.]

[투명성을 가진 자에 대하여] 사람들은 그를 볼 때, 그에게서 아무것도 볼 수 없다. 그는 아무것도 갖고 있지 않은 듯이 보이지만 그를 통해 우주 속 사물은 우리 눈 속으로 좀 더 명확히 들어온다. 그는 사람들의 사유를 방해하지 않으며, 그와 함께 있을 때는 마치 혼자 있는듯한 착각에 빠뜨린다. 그는 모든 사물을 있는 그대로 볼 수 있도록 도와주고, 사물이 굴절된 모습 마치 물속에서 사물이 굴절되듯이 으로 다가오는 것을 자연스럽게 막아준다.

사면이 벽으로만 느껴졌던 자신의 영역, 그 주위를 그는 어느새 투명하게 바꾸어, 모든 사물과 그 움직임을 느끼도록 해, 자신이 인간과 삶의 중심이라는 생각을 하게 한다. 그는 모든 사유 집합체와 같이, 마치 여러 가지 빛이 모이면 투명하게 되듯이, 투명하게 되었다. 우리 사유 어떠한 것도 그를 동요시켜 색채화시키지 않는다. [투명성]은 인간이 가질 수 있는 최고 인식 상태 중 하나이다.

빗 속에서

[투명성]을 가지기 위해서는 존재, 의지, 인식 모두 [가라앉힘]이 필요하다. 어느 하나라도 사유 속에서 움직이면, 투명성은 사라진다. [존재의 가라앉힘]은 실존 [나]로부터 작은 나를 대자(對自)존재, 대타(對他)존재 통합하는 것이고, [의지의 가라앉힘]은 욕구와 구함을 잠재우는 것이며, [인식의 가라앉힘]은 자기 생각을 고요히 정리하는 것이다.

우리가 모두, 실존 [나]를 발견하는 것은 가능하지 않을 수 있다. 얼마나 많은 시간이 걸릴지도 확실치 않다. 그러나 인류 역사 위대한 철학자가 그러했듯이, [평등적 자유로움]을 이해하기 위한 노력을 통하여 목표에 접근할 것이다. 우리는 [투명성]과 [실존, 생각으로부터의 자유]를 연계한다. 성취 가능한 방법은 우리 스스로 찾아야 한다. 이는 이미 알고 있지 않은가.

- 투명하다는 것은 사람에게 거슬리지 않는다는 것이다. 그러나 사람이 만든 억압에는 거세게 저항하여, 우리 모두가 투명하게 살 수 있도록, 철저히 투쟁하고 준비해야 한다.

나를 가라앉히다

종언(終言)

문틈으로 들어오는 산바람 섞인
소나무 향에 취해 잠 속으로 빠져든다.
내일은 존재 [나]를 찾을 것이다.

실존을 넘어서길 바라며

지혜로운 자는 뜨거운 일상, 생의 한가운데서
죽음으로 아무것도 잃지 않도록 준비하고 마무리한다.

실존을 넘어서 Ⅱ

Ⅰ장. 질서를 무너뜨리다.

Ⅱ장. 존재를 형상화하다.

Ⅲ장. 모방을 벗다.

Ⅳ장. 생각을 멈추다.

실존을 넘어서 I

잃어버린 나를 찾기 위한 8가지 방법

씨 뿌리는 자의 마음이 평화로운 것은

자신의 일이 결정되었기 때문이다.

실존을 넘어서 I

개정판 ‖ 2019년 8월 15일
지은이 ‖ 김주호
펴낸이 ‖ 이현준
펴낸곳 ‖ 자유정신사
등록 ‖ 제251-2012-40호
주소 ‖ 경기도 성남시 판교역로 145
전화 ‖ 031-704-1006
팩스 ‖ 031-935-0520
이메일 ‖ bookfs@naver.com

ISBN 978-89-98392-24-6 (03100)

이 도서의 국립중앙도서관 출판예정도서목록(CIP)은 서지정보유통지원시스템 홈페이지(http://seoji.nl.go.kr)와 국가자료종합목록 구축시스템(http://kolis-net.nl.go.kr)에서 이용하실 수 있습니다. (CIP제어번호: CIP2019030378)

출판사의 허락 없이 무단 복제와 무단 전재를 금합니다.
잘못된 책은 구입처에서 교환해 드립니다.
이 책에서 사용된 문양은 한국문화정보센터가 창작한 저작들을 공공누리 제 1유형에 따라 이용합니다.

이 책의 모든 저작권은 자유정신사가 가지고 있습니다.